Rethinking
Reconstructing
Reproducing

*

———

"精神译丛"
在汉语的国土
展望世界
致力于
当代精神生活的
反思、重建与再生产

———

*

L'età dei diritti

Norberto Bobbio

精神译丛 · 徐晔 陈越 主编

［意］诺伯托·博比奥 著　沙志利 译　赵文 校

权利的时代

西北大学出版社

诺伯托·博比奥

目 录

导言 / 1
说明 / 19

第一部分 / 1
  论人权的基础 / 3
  人权的现状及未来 / 15
  权利的时代 / 41
  人权与社会 / 61

第二部分 / 79
  法国大革命与人权 / 81
  大革命的遗产 / 115
  康德与法国大革命 / 137

第三部分 / 151
  反抗压迫,在今天 / 153
  反对死刑 / 173
  目前关于死刑的争论 / 195
  宽容的理性 / 223

今日之人权 / 241

译后记 / 257

导 言

Introduction

在路易吉·勃兰内特（Luigi Bonanate）与米开朗基罗·伯莱诺（Michelangelo Bovero）的建议及帮助下，我编了这本关于人权问题的论文集。关于这一主题，我写作了好多年，我相信这些文章是其中最重要的。文集中所讨论的整个问题都与和平与民主的争论紧密相关，而我的大部分政治文章也都致力于这一争论。对人权的认可与保护，是现代民主宪法的基础。反过来，和平又是在各国内部及国际体系中对人权加以认可与进行有效保护的前提。同样，如果没有在超越国家层面上的对人权的认可与保护的逐渐拓展，国际体系的民主化就无法前进，而它是实现"永久和平"（在康德所赋予它的意义上讲）理想的唯一道路。人权、民主与和平，是同一历史运动的三个主要组成部分：如果人权不能被认可和保护，就没有民主；而没有民主，那么，和平解决各种冲突的最低限度的条件都将无法存在。换句话说，民主就是公民社会，而只有当臣民们被认可享有一些特定的基本权利时，臣民才变为公民。只有当公民不再是这个或那个特别国家的公民，而是世界公民时，才会有稳固的和平，才会有无战争之虞的那种和平。

追溯起来，1951年5月4日在都灵，应军官训练学校的邀请，我做了一次有关"世界人权宣言"的演讲，之后我写了关于这一主题的第一篇文章。① 这么多年之后，重读此文，我发现它已经包含了——虽然只是概括地包含了——我一直以来持续坚持的三个理论：

（1）自然权利是历史性的权利。

（2）它们与"社会"的个人主义观念一起，出现在现代历史的开端期。

（3）它们是进步的主要标志之一。

这本文集中的第一篇文章，是人权基础讨论会的两个开场演讲之一［另一篇是佩雷尔曼（Perelman）的演讲］，此次会议1964年9月于拉奎拉召开，主办方是国际哲学研究所（Istituto internazionale di filosofia），圭多·卡洛杰罗（Guido Calogero）担任会议主席。此文强化并分析了历史主义的理论，而这一理论，是我讨论追求基本原理的合理性及其实用性的基础。接下来是《人权的现状及未来》，此文是我1967年12月在为纪念《世界人权宣言》发表20周年而由SIOI（意大利国际组织协会，Società Italiana per l'Organizzazione Internazionale）于都灵举办的人权问题国内研讨会上的演讲稿。我在文中阐明了人权在历史上的主要发展，从人权的宣布到其实现，从它们在各国内部的实现到它们在国际体系内

---

① "世界人权宣言"（*La Dichiarazione universale dei diritti dell'uomo*），载于《世界人权宣言》（*La Dichiarazione universale dei diritti dell'uomo*, Torino: Arti Grafiche Plinio Castello, 1951），第53-70页。我在为乔治斯·古尔维奇（Georges Gurvitch）的《社会权利宣言》（*La Dichiarazione dei diritti sociali*, Milano: Edizioni di Comunità, 1949）一书的意大利文译本所写的序言中，已经简单讨论过这一问题，见该书第13-27页。

的实现，而后一进程才刚刚开始。然后我又重拾了历史性这一主题，使我的论点以人权的进一步扩展为基础。第三篇文章是《权利的时代》，同时整个文集也以它冠名。此文是我 1987 年 9 月应马德里人权研究所（Instituto de Derechos Humanos）主任格雷戈里奥·佩塞斯－巴尔巴·马丁内斯（Gregorio Peces-Barba Martínez）之邀，在马德里大学所做的演讲，当时用的是另外一个标题。在以往的一些场合中，我曾探讨过国家与公民之间关系的逆转——这一逆转正是现代国家建立过程具有的特点——所具有的历史意义以及哲学意义。问题的重点已从一个臣民义不容辞的责任转移到一个公民所要求的权利上了。看待政治，已不再是主要从统治者的视角出发，而是更多地从公民的视角出发了，这反映了有关"社会"的个人主义观念已战胜了将社会看作一个有机整体的传统观念。我第一次论证了人权的那种扩展方式，即抽象的个体观，经过逐渐的变化、通过对各种需求和利益的认可与保护，最终转变为更加具体的个体观。在接下来的一篇文章《人权与社会》——此文是我为 1988 年 5 月末在博洛尼亚举办的有关"权利社会学"的国际会议所写的引言性报告——中，我再一次更进一步地、且就当时来说是总结性地系统论证了历史学家的观点。此文讨论了人权的理论与历史的一些一般性问题。我花了几页篇幅来讨论适用于人权的法律观念的痛苦的理论争论问题。一会儿在书中我将回到这个问题上来。

本书第二部分是关于人权与法国大革命的三篇演讲稿。第一篇演讲是 1988 年 12 月 14 日在罗马应议长奈德·佐蒂（Nilde Jotti）之邀，在众议院新图书馆的落成典礼上所做的演讲。1989 年 9 月，我在威尼斯契尼基金会（Fondazione Giorgio Cini）开设了关于法国大革命的讲座,所讲的就是第二篇演讲稿。第三篇演讲是 1989 年 4 月 6 日我被博洛尼亚大学授予荣誉学位时所做的。最后一篇以康德关于法律与历史的哲学著作为起点,在结尾部分强调了康德的普遍自然法理论,将其作为对迄今为止有关人权的争论的总结,同时它也引导我们做更进一步的思考。①

第三部分涉及具体的论题,它们或多或少同如下主题直接相关:在今天对压迫进行反抗。《反抗压迫,在今天》一文曾经作为提交给学生自治与反抗权大会的报告,并由我在会上宣读过,此会议于 1971 年 5 月在萨萨里召开,发起人是皮朗杰罗·卡塔兰诺(Pierangelo Catalano)教授;两篇有关死刑的文章,第一篇是为 1981 年 4 月在里米尼举办的国际特赦组织第四届国家年度大会而写的,第二篇则是为 1982 年 10 月在博洛尼亚举办的"世界范围内的死刑"国际研讨会而写的。②

---

①可参看我为康德《永久和平论》(*Per la pace perpetua*)写的《导言》,N. 梅克尔(N. Merker)编,罗马:Editori Riuniti, 1985,第 vii – xxi 页。

②我的其他一些关于人权的文章可以在皮埃特罗·波里托(Pietro Polito)编的《第三次迷失:关于战争的讲演与论文》(*Il Terzo assente. Saggi e discorsi sulla pace e sulla guerra*, Milano: Edizioni Sonda, 1989)一书中找到。该书与本书中都未收入的文章还有:《欧洲人权公约序言》(*Il preambolo della Convenzione europea dei diritti dell'uomo*),载于《国际法学报》1973 年卷 57(*Rivista di diritto internazionale*, vol. LVII, 1973),第 437 – 455 页;《根本权利存在吗?》(*Vi sono diritti fondamentali?*),载于《哲学学报》1980 年卷 71 第 18 期(*Rivista di filosofia*, vol. LXXI, no. 18, 1980),第 460 – 464 页;《19 世纪欧洲的人权与公民权》(*diritti dell'uomo e diritti del cittadino nel secolo XIX in Europa*),载于《19 世纪的根本权利》(*Grundrechte im 19. Jahrhundert*, Frankfurt:

这些文章所讨论的问题既是历史的又是理论的。历史地讲，对人权的肯定源自国家与公民之间或统治者与臣民之间政治关系的彻底逆转。这种关系越来越从不再仅仅是臣民的公民的角度来看待，而"社会"观越来越个人主义化，相应地，统治者的权力则越来越削弱。①根据这一新观念，为了理解社会，人们必须从它的基础以及组成它的个人开始。这与传统的有机体的社会观念——即将社会看作是一个优先于各个个体成员的整体——背道而驰。这种逆转主要由现代历史开端时期的宗教战争引起，从此以后，便成为一个不可逆转的进程。那些经历引起了反抗压迫的权利，这一权利假定了一种基础的、更为本质的权利，即每个个体不被压迫以及享有一些基本自由的权利。这些权利之所以基础，是因为它们是自然权利。它们之所以自然，是因为它们不靠统治者的许可而存在。所以这些自由权利中最基础的，是宗教信仰自由。这种逆转与对我定义为"自然法模式"的东西的肯定紧密相关。这一模型与其不朽的对立面——亚里士多德模式截然相反，后者总在重现，且从未最终落

Peter Lang, 1982)，第 11 – 15 页；《从义务优先到权利优先》(*Dalla priorità dei doveri alla priorità dei diritti*)，载于《世界工人》1988 年卷 41 第 3 期 (*Mondoperaio*, vol. XLI, no. 3, 1988)，第 57 – 60 页。

① 有大量的文章讨论过这一主题，但此处我更愿意提及一篇不那么著名的著作，即塞尔索·拉斐尔 (Celso Lafer) 的《人权的重建：与汉娜·阿伦特的思想对话》(*A Reconstrução dos direitos humanos. Um diálogo com o pensamento de Hannah Arendt*, São Paulo: Companhia das Letras, 1988)，此文包含有关个人主义及其历史的一些重要章节，部分内容牵涉到了阿伦特 (Arendt) 的思想。

败。① 尽管出现了很多挫折，"社会"的个人主义观念仍在缓慢而坚定地进步，从在单个国家内部对公民权利的认可，到对世界公民权利的认可，后者在《世界人权宣言》中第一次被宣告出来。随着国与国之间法律的确立，问题已由单个国家内部个人权利的领域向康德（他对法律理论的贡献尚未被充分认识）所表述的世界主义权利的领域转移了。一位权威的国际法学家在其最近一部关于人权的著作中写道："《世界人权宣言》促使个体出现在过去专门为国家首脑们保留的舞台上。尽管这种存在还十分无力、脆弱且游移不定，但它已启动了一个不可逆转的进程。我们都应为此而感到高兴。"②

XIII 从理论的观点讲，我过去一直主张并且在新的论据支持下继续主张：人权，无论它是多么根本性的权利，都是历史的权利，因而总是在特定历史条件下，带有新兴自由对抗旧有权力的斗争的烙印。人权是逐渐建立起来的，并非同时全部建立，且不会一劳永逸。③ 可能会出现这样一种情况：人们想让哲学家

---

① 我尤其要提到我的那篇《自然法模型》（*Il modello giusnaturalistico*），载于我与 M. 博维洛（M. Bovero）：《现代政治哲学中的社会与国家》（*Società e stato nella filosofia politica moderna*, Milano: Il Saggiatore, 1979），第 17 - 109 页。

② A. 卡塞斯（A. Cassese）：《当代世界中的人权》（*I diritti umani nel mondo contemporaneo*, Bari: Laterza, 1988），第 143 页。

③ G. 佩塞斯 - 巴尔巴·马丁内斯在一篇研究透彻的文章中提出的中心观点之一就是：人权是历史性的权利，它们产生于现代历史，产生于与专制国家所进行的斗争中，见 G. 佩塞斯 - 巴尔巴·马丁内斯（G. Peces-Barba Martínez）：《历史在根本权利概念中的作用》（*Sobre el puesto de la Historia en el concepto de los derechos fundamentales*），载于马德里人权研究所（Instituto de

们断定人权具有根本性,甚至要求他们去证明人权是绝对的、必然的、无可争议的。但问题却不应该如此提出。①宗教信仰自由是宗教战争的结果,公民自由是议会对专制主义进行斗争的结果,政治自由与社会自由,则是代表工人、没有土地的农民以及小农场主的各种运动产生、壮大并获取各种经验的结果。穷人从当权者那里,不仅要求他们认可个人自由及消极自由,还要求要受到免于失业的保障、免于成为文盲的基本教育,以及逐渐增加的更进一步的对病人及老年人福利的要求——总之,有钱人能为自己所提供的各种保护,他们全都需要。伴随着这些社会权利——它们是人权的第二代衍生权利,今天还出现了一些第三代衍生权利,它们还太模糊太混杂,以至于没有一个

Derechos Humanos)编,《人权年鉴》(*Anuario de derechos humanos*),卷4,第219－258页。就人权史而言,研究对权利的承认是唯一有意义的视角,参看 G. 普格里斯(G. Pugliese):《对权利保护的历史的几点评注》(*Appunti per una storia della protezione dei diritti dell'uomo*),载于《法与民事诉讼季刊》1989年卷43第3期(*Rivista trimestrale di diritti e procura civile*, vol. XLIII, no. 3, 1989),第619－659页。

①参看 G. 佩塞斯－巴尔巴·马丁内斯所编《人权的基础》(*El fundamento de los derechos humanos*, Madrid: Editorial Debate, 1989)。这一著作汇总了1998年4月19—20日在马德里所做的争论,其中对我的观点颇有涉及。其中还收有一篇编者的文章《人权的基础:道德与法的难题》(*Sobre el fundamento de los derechos humanos. Un problema de moral y derecho*),见该著第265－277页。作者自开始写作《根本性的权利》(*Derechos fundamentales*,初版于1976年,后又重印过几次)时就对人权问题持续思考,而此文是他有关人权问题的最新表述。

确切的定义。① 其中最重要的要属生态运动所要求的权利,即在无污染环境下生活的权利。但是现在已经有我只能称之为第四代衍生权利的一些迹象出现了,它们关注的是生物研究那些日益增加的令人困扰的后果以及操纵个人遗传身份的可能

---

①这类第三代衍生权利的观念已出现在越来越多的关于"新权利"的作品中了。在《人权理论的当代发展》(Sobre la evolución contemporánea de la teoría de los derechos de l'hombre)一文中,让·里维拉(Jean Rivera)列举了一些新权利,如团结的权利、发展的权利、国际和平的权利、安全环境的权利、互相交流的权利,等等。并不奇怪的是,作者后来也质疑:这样一份清单是否可以被视作严格意义上的权利,而非只是简单的渴望或需求?[《法哲学的现状与难题》(Corrientes y problemas en filosofía del derecho),载于《弗朗西斯科·苏亚雷斯教席年鉴》(Anales de la cátedra Francisco Suarez, 1985, no. 25, p.193)]。后来,在我曾提到的那本书中,他将人权的第三代衍生权利视作并非个体的权利,而是群体,像家庭、民族、国家以及人类自身的权利(第131页)。关于和平的权利,请参看A. 路易兹·米格埃尔(A. Ruiz Miguel):《我们有和平的权利吗?》(Tenemos derecho a la paz?),载于《人权年鉴》(Anuario de derechos humanos, no. 3, 1984—1985),第387-434页(该年鉴是G. 佩塞斯-巴尔巴·马丁内斯为马德里人权研究所编的出版物);另可参看同一作者的专著《战争与和平的正当性》(La justicia de la guerra y de la paz, Madrid: Centro de Estudios constitucionales, 1988)第271页及以下。A. E. 佩雷斯(A. E. Perez)也写过有关第三代衍生权利的文章:《人权的概念与观念》(Concepto y concepción de los derechos humanos),载于《法哲学学报》(Cuadernos de filosofía del derecho, no. 4, 1987),第56页及以下。他列举了和平的权利、消费的权利、生活质量以及使用电脑化信息的权利,而且他把这些权利的出现与新科技的发展联系起来。

性。① 这是一个关于限制的问题：当对即将来临的未来的操纵从可能领域走入现实领域时，就会被加以限制。如果需要的话，这也是另一个证据，可以证明权利不是同时产生的。当权利的存在既是必要的又是可能的时，它们才会真的存在。权利的起源在于人与人相互作用的增长，而人与人的相互作用也不可避免地会引起技术的进步，引起人类控制自然、控制人本身的能力的进步。这一进步，既会对个体自由产生新的威胁，又允许对大量的剥夺采取新的补救措施。威胁引发限制权力的要求的反击，而补救措施则要求同一权力进行保护性的干预。前者涉及享受自由的权利，或者说是不需要国家干涉的权利，而后者则涉及社会权利，或者说是需要国家积极干涉的权利。尽管权利要求可以按年代被分为几个不同的阶段或世代，但它们与既有权力的关系只有两种类型：一种是限制既有权力做坏事，另一种是激励它做好事。第三与第四代的衍生权利也可以用这两种类型加以归类。

我在《人权与社会》（本文集第四篇文章）一文中特别强调了，从只考虑抽象的人到充分考虑人的不同发展阶段的思路转换中，必然会衍生出更多对新形式权利的认可和保护的要求。

---

① 关于这一课题已经有相当多的文献了，尤其是在盎格鲁－撒克逊国家中。巴尔塔·玛利亚·诺伯尔（Bartha Maria Knoppers）曾对此进行过总结，见其《基因遗传的完整性：主体权利还是人权？》（*L'integrità del patrimonio genetico: diritto soggettivo o diritto dell'umanità?*），载于《法律政治学》1990年卷31第2期（*Politica del diritto*, vol. XXXI, no. 2, giugno 1990），第341－361页。

这类衍生的要求往往遭到反对。当第二代衍生权利被提出时，第三代衍生权利，如要求生活在无污染环境中的权利是不可思议的，正如当第一份17世纪权利宣言诞生时，第二代衍生权利，如受教育的权利、享受福利的权利也曾不可思议一样。特殊要求的产生是对特殊需要的回应。新需求是由于社会环境的变化而在科技发展有可能满足它们时产生的。谈论什么自然的、基础的、不可剥夺的或神圣不可侵犯的权利，或许会提出一种有说服力的公式，然后在政治出版物中来支持一种要求，但它毫无理论价值，因此与人权理论完全无关。

关于"人权"中"权利"一词意义的争论，已旷日持久且非常混乱。① 而当盎格鲁-撒克逊国家的律师们与受欧洲大陆传

---

① 我从《法哲学学报》1984年第4期（*Cuadernos de filosofia del derecho*, no. 4, 1987, pp. 23 - 84）有关"人权概念"的争论中得出了这一论点。弗朗西斯科·拉波尔塔（Francisco La Porta）的报告所提供的信息，以及尤根尼奥·布尔律津（Eugenio Bulygin）的总结对我有很大的帮助，参看文章《人权的本体论地位》（*Sobre el status ontológico de los derechos humanos*），载于第79 - 84页。我认为我基本上是赞同他们的。权利的概念是否应被阐释为一个规范的概念，"道德权利"是否是一种可以接受的表述，以及如果是的话，该如何定义它们——所有这类问题已经有了大量相关讨论。有关对"道德权利"概念的批评，以及我所采纳的其他一些考量，请参看维尔内恩果（R. Vernengo）的《人权基础难题两论》（*Dos ensayos sobre problemas de fundamentación de los derechos humanos*），载于《安布洛乔·L. 乔亚法律与社会研究所学刊》（*Cuadernos de Investigaciones de l'Instituto de Investigaciones jurídicas y sociales Ambrogio L. Gioia*, Buenos Aires: Facultad de derecho y ciencias sociales, 1989），尤其是第一论：《人权的道德奠基》（*Fundamentaciones morales de los derechos humanos*），见第4 - 29页。另可参看G. 佩塞斯-巴尔巴·马丁内斯：

统和文化熏陶的律师们频繁联系时，情况就更加混乱了。他们经常使用不同的词语来说同一件事，但是当他们使用同一词语时，有时又觉得说的并不是同一件事。大陆在法律术语传统上区别了"自然权利"（diritti naturali）与"积极权利"（diritti positivi）。而英国与美国——我相信主要是受德沃金（Dworkin）的影响——则为我们提供了"道德权利"（moral rights）与"法律权利"（legal rights）之间的区别，这两个词无法译为意大利语，而更麻烦的是，对于将法律与道德视作实践生活中截然有别的两个领域来说，这两个词殊为费解：在意大利语中，"法律权利"或"司法权利"（"diritti legali"o"giuridici"）的表述听上去是语意重复，而"道德权利"（"diritti morali"）听上去则是自相矛盾的。我敢肯定，一个法国法学家同样会不情愿说 droits moraux（道德权利），一个德国法学家不愿说 moralische Rechte（道德权利）。如果不想放弃彼此之间相互理解的全部希望，唯一的出路就是，要考虑在何种程度上这两种区分方式是具有可比性的。这样一来，作为"法律权利"对立面的"道德权利"就与作为"积极权利"对立面的"自然权利"属于同一

《历史在根本权利概念中的作用》，前引，第 222 页。最近在意大利也出现了关于这些问题的讨论，我要特别指出法吉安尼（F. Fagiani）的《权利的伦理学与理论》（*Etica e teoria dei diritti*）以及吉安福尔玛奇奥（L. Gianformaggio）的《伦理与权力的关系》（*Rapporto fra etica e diritto*），载于《当代伦理理论》（*Teorie etiche contemporanee*, Torino: Bollati-Boringhieri, 1990），第 86 - 107，149 -161 页。关于更概括性的评述，请参看维欧拉（F. Viola）的《人权、自然法和当代伦理学》（*Diritti dell'uomo diritto naturale etica contemporanea*, Torino: Giappichelli, 1989）。

领域了。在两种情况中,它们都是在区别两种不同的规范体系,但区别的标准又不相同。"道德权利"与"法律权利"之间的区别基于两种权利所根据的不同原理,而"自然权利"与"积极权利"之间的区别则基于权利的不同来源。然而,在所有四种情况中,"权利"一词,在主体权利的意义上(英语中一套多余的规范,因为权利只能指主体权利)都涉及一个规范体系,不管它被称为"道德的""自然的""法律的",还是"积极的"。就像如果没有自然法体系,自然权利将不可思议一样,尽管道德实际上是什么从来就没有弄清楚过(自然法的实际状况也同样不清晰),但如果没有可以界定为"道德"的一套法律或一个法律体系的话,"道德权利"将同样不可理解。

XVIII 我同意那些主张将权利视作道义的一种指标(è una figura deontica)的人,但只有在规范用语中它才会拥有准确的含义。没有义务就没有权利,但没有关于行为的规范就既没有权利也没有义务。"道德权利"这一不同寻常的表达,如果和"道德义务"这一非常普通的表达关联起来,就变得不那么令人讨厌了。"没有义务就不能给予权利,但没有权利却可以强加以义务"这一古老的反对意见,就起源于两种不同规范体系的混淆。当然,人们不能要求每一项道德义务都有一个与之对应的法律权利,因为只有道德权利才能去对应道德义务。"施舍的义务并未同时确证乞讨的权利"这一常被引用但却令人误解的例子,所能证明的仅仅是道德义务并不能确证法律义务。至于道德权利,我们也可以做这样的理解吗?对应道德义务的权利,也即"道德权利",若非如此,"道德权利"还能意味着什么呢?法学家们或许会将"道德权利"视为 ius imperfectum（不严格的法－权利），但从道德视角出发它们可以是 ius perfectum（严格的法－权利）。我熟知，可以追溯千年的传统使我们习惯于使用术语 ius（权利、法），它被限制在一个规范体系内，该体系比其他的道德体系和社会体系更有约束力。但是当"道德权利"的概念被引入，相应的"道德义务"也必然随之一起被引入。如果我对某人拥有一项道德权利，这就意味着那人对我有一项道德义务。但道德语言无须使用更适合于法律语言的权利与义务之类的道义范畴，而一旦使用了这类范畴，权利的确立则必定包含了对义务的确立，反之亦然。至于一项权利的建立是先于义务还是后于义务，则纯粹是历史的偶然了。例如，今天有各种各样的关于当前社会对子孙后代的义务的争论，但这个问题也可以立足于子孙后代从我们这里取得的权利的角度来考虑。问题在于：究竟是从前者的义务出发，还是从后者的权利出发。这一点是无关紧要的，并不会影响问题本身的实质。真的因为我们对子孙后代负有义务，他们就对我们拥有权利么？或者反过来也成立么？而一旦这样提出问题，我们就很清楚地意识到：语言逻辑已经表明这个问题完全是个伪命题。

尽管有数不清的尝试要对权利定义进行分析，权利在一般语言中的使用仍然模棱两可，缺乏严谨性，且经常被从修辞的角度来使用。没有铁定的律条禁止使用权利一词来称呼仅仅是通过某庄严宣告而被宣称的权利，或是只能以权利一词去称呼以宪法原则为基础的司法体系、公正的法官裁决、各种执行权力所实际保障的权利。但在这两种权利之间却存在着很大的不同。甚至一大部分的社会权利，即所谓第二代衍生权利，尽管在各种国内及国际宣言中展示出了崇高的目的，仍不过是一纸空文。就第三、第四代衍生权利来说，情况就更是如此了。迄今为止，我们唯一可以确定的一件事情就是：它们是被渴望着的理想的表述，"权利"这一头衔不过是加在它们头上的贵族光环。"无论生活在世界上哪一地域，所有人们都要生活在无污染的环境中（普遍性正是人权的本性）"这一权利要求，除了渴望未来立法能够对污染物的使用加以限制之外，没有其他任何意义。宣称这一权利是一回事，享受其成果则完全是另一回事。被用来表达与权利相关的事物的语言无疑具有很大的实践作用。为了让自己和他人都获得新的物质需要和道德需要之满足的那些运动在提出权利要求时，权利的语言的实践作用会使其增加力度。但如果这种语言掩盖了正在被争取的权利与已被认可并被保护的权利之间的差异的话，就会成为误导性的语言。这一点可以清楚地说明这样一种矛盾：有些著作盛赞今天为一个权利的时代[1]，而另一些著作则证明今日大多数人"未享有权利"[2]。其实前者只是讨论了国际法庭与国际会议上所宣称的权

---

[1] 关于人类历史现阶段对人权的认可的重要性，请参看近期发表的一篇权威论文：诺伯特·埃利亚斯（Norbert Elias）：《权利全球化》（*Pianeta dei diritti*），载于《再生》卷 I 第 17 期（*Rinascita*, vol. I, no. 17, giugno 1990）。

[2] 参看贝尔托齐（L. Bertozzi）：《没有权利的人》（*Uomini senza diritti*），载于《再生》卷 I 第 27 期（*Rinascita*, vol. I, no. 27, 12 agosto 1990），第 72-74 页。在此刊同一期中贝尔托齐还报告了国际特赦组织在以往的年度报告中所公布的侵权情况。贝尔托齐还有对意大利侵权状况的研究，参看利柯蒂（G. Ricordy）：《无权利：另一个意大利的历史》（*Senzadiritti. Storie dell'altra Italia*, Milano: Feltrinelli, 1990）。

利，而后者则讨论了人类中的大多数并未在事实上享有的权利（即便它们不断地被庄严地宣告）。

诺伯托·博比奥

1990 年 10 月，都灵

说 明

Nota

《论人权的基础》,最初是一篇演讲稿,发表在 1964 年 9 月 14—19 日在拉奎拉召开的一次研讨会上,后收入《人权的基础》(*Le fondement des droits de l'homme*, Firenze: La Nuova Italia, 1966, pp. 3 - 9),标题为"*L'illusion du fondement absolu*(绝对基础的幻觉)"。意大利文译本见于《法哲学国际评论》(*Rivista internazionale di filosofia del diritto*, XLII, 1965, pp. 302 - 309)以及《战争问题及和平之途径》(*Il problema della guerra e le vie della pace*, Bologna: Il Mulino, 1979, pp. 119 - 130)。

《人权的现状及未来》,刊于《国际社会》(*La comunità internazionale*, XXIII, 1968, pp. 3 - 18),后来又收入《战争问题及和平之途径》(*Il problema della guerra e le vie della pace*, pp. 131 - 157)。它还被翻译为卡斯提尔语,标题为 "*Presente y porvenir de los derechos humanos*",收入《人权年鉴》(*Anuario de derechos humanos*, Madrid: Universidad Complutense, 1982, pp. 7 - 28)。

《权利的时代》,是我 1987 年 9 月在马德里所做的演讲,收入我的《缺席的第三方:有关和平与战争的论文及讲演》(N. Bobbio, *Il Terzo assente. Saggi e discorsi sulla pace e sulla guerra*, Torino: Edizioni Sonda, 1989, pp. 112 - 125),也收入了《人权年鉴》(*Anuario de derechos humanos*, 1988—1989, n. 5, pp. 27 -

39)。

《人权与社会》,刊于《权利社会学》(*Sociologia del diritto*, XXVI (1989), pp. 15 -27)。

《法国大革命与人权》,1988 年在罗马由众议院制作为宣传册出版,后来以"*La dichiarazione dei diritti dell'uomo*(人权宣言)"为题刊于《新文萃》(*Nuova Antologia*, n. 2169, gennaio-marzo 1989, pp. 290 -309)。

《大革命的遗产》,刊于《新文萃》(*Nuova Antologia*, n. 2172, ottobre-dicembre 1989, pp. 87 -100)。

《康德与法国大革命》,刊于《新文萃》(*Nuova Antologia*, n. 2175, luglio-settembre 1990, pp. 53 -60)。

《反抗压迫,在今天》,刊于《萨萨里研究,第 3 卷:反抗的自主性和权利》(*Studi sassaresi. III. Autonomia e diritto di resistenza*, Milano: Giuffrè, 1973, pp. 15 -31)。

《反对死刑》,由国际特赦组织意大利分部制作为宣传册出版(Bologna: Tipostampa bolognese, 1981)。

《目前关于死刑的争论》,载于 1982 年 10 月 28—30 日在博洛尼亚举办的一场国际研讨会的会议论文集《世界范围内的死刑》(*La pena di morte nel mondo*, Casale Monferrato: Marietti, 1983, pp. 15 –32)。

《宽容的理性》，载于《宽容：历史中的同与异》(*L'intolleranza: uguali e diversi nella storia*, Bologna: Il Mulino, 1986, pp. 243 –257)，波尼（C. Boni）所编的这部文集是1986年12月于博洛尼亚召开的国际研讨会的会议论文集。

《今日之人权》，是我在林琴学院（Accademia dei Lincei）所做的年终演说（1991年6月14日），发表于《林琴国家学院会议记录》(*Atti dell'Accademia Nazionale dei Lincei*, a. CCCLXXXVII, vol. IX, fasc. 2, 1991, pp. 55 –64)。

第一部分

Parte prima

论人权的基础
Sul fondamento dei diritti dell' uomo

1. 在本文中我将要讨论三个主题：
a. 我们面临的人权之基础这一问题的性质；
b. 此绝对原则是否可能；
c. 若其可能，它是否是我们迫切需要的。

2. 考量一项权利之基础，必须以不同的方式去追问，要看这项权利是**已经获得的权利**，还是**正在被追求的权利**。就前一种情况而言，我会去检视明确的成文法典——法典影响着作为权利与义务拥有者的我——去探索一种有效的规律，使我所考量的这种权利得以合法化。而在后一种情况中，我将会尝试去发现一些好的理由，它们能支持这些权利的合法化，还能劝说尽可能多的人去承认它，尤其是说服那些有力量直接或间接地把有效的规定行诸法律典籍中去的人。

在这样一场面对哲学家们而不是法理学家们的讨论中，毋庸置疑，当我们引出人权基础的问题时，我们指的是上述第二种情况。换言之，这里讨论的，不是指实在的确定的权利的问题，而是指理性的或批判性的权利的问题（或者如果你愿意，也可以叫作"自然权利"，但是是在这个术语的有限的意义上讲的，这是我所发现的唯一一个差强人意的术语）。我们讨论的前提是，人权是一种值得拥有的东西，即是一个值得去追求的事物，且尽管它们是被需求的，它们还没有在所有地方被同等程度地全部承认。我们希望别人能分享我们讨论的结果,我们被这样一种确信所激励,即确信发现一种基础来证明人权,将会是赢得更广泛承认的一种合适的方法。

3. 对绝对基础的幻想源自这样一种信念:通过对辩解和讨论逐步进行积累与评估,我们会最后得到一个无可争议的结论,这个结论的推理过程无人可以否认。绝对基础是在我们的观念领域中不容争议的基础,就像绝对权力是行动领域中不容争议的权力一样(想想霍布斯)。人的思想不可避免地会倾向于接受不容争议的基础,就像人的意志倾向于服从不容争议的权力一样。终极基础不能被更深入地讨论,就像终极权力必须被不容讨论地服从一样。那些坚持质疑前者的人置自己于理智的人群之外;那些坚持质疑后者的人,则是置自己于好的和正义的人群之外。

几个世纪以来,这种幻想在自然法的拥护者中很常见。他们相信,他们已经从人性中将某些特定权利推论出来了(尽管这些权利不能总是相同的),已经保住了这些权利不被驳倒。然而事实已经证明,要为不容置疑的权利建造一个绝对基础,人性并非是稳固的地基。在此,我不宜重复那些用来反对自然权利原理的数不清的批评,也不宜再次揭露那些用来证明自然权利的绝对价值的讨论只是表面光鲜而已。只要回想一点就足够了,很多权利已经从人类慷慨大方、乐于利他的天性中推论出来了,但却要么已经被改变了性质,要么变成了含糊晦涩的东西,沦为仅仅是胜利者眼中的基础权利。举例来说,自然法的支持者们花了很长时间讨论在处理遗产的三种可能方式——返还社会、后代继承、由所有者任意处置——之中，哪一种方式是最符合人类天性的（因此也要讨论，在一个将建筑在自然基础上的一切都视为公正合理的系统中，哪一种方式是首选）。讨论可能还要持续下去，因为三种解决方案都可以与人性完美对应，这取决于你采取哪一种角度来看待人：是把人看作他生命从根本上所依赖的社会的一员，还是看作以繁衍生息为自然本能的一家之长，还是一个只对自己的行为和财产负责的自由、自主的个体。

康德十分合理地将人类不容置疑的权利（他称之为"先天的"）限定为一种：自由。但什么是自由？

4. 今天这种幻想不再可能。建立绝对基础的所有尝试，都被证明是缺乏根据的。对这种幻想，我能举出四点反对的理由（于是我过渡到了本文的第二个主题）。

第一个反对的理由出自这样一种考量，即"人权"是一种非常模糊的表达。我们曾尝试过定义它们吗？如果有的话，又达到了什么效果呢？大多数定义只是纯粹的同义反复，如"人的权利是指应该给予人的作为一个人所应该得到的那么多的权利"。有时那些定义则告诉我们与权利被渴望、被提倡的**状态**有关的一些内容，却丝毫没有关于这些权利的实际内容，如"人的权利是指属于或应该属于全人类且不应该被剥夺的权利"。最后，无论何时，如果定义中指称了权利的实际内容，那它一定无可避免地引用了一些需要进行价值判断的术语，如"人权是这样的东西，有关它的认识理解对于人类的进步和文明的发展是很必要的"，等等。因而这就引出了另一个问题：这些术语可以根据阐释者的思想体系做出不同的解释。"人类的进步和文明的发展"本身是一个可以进行激烈讨论而又无解的话题。一致意见难以达成，除非争论各方相互妥协，形成一个与前两个定义一样模糊暧昧的方案使他们可以借此相互承认。可是一旦谁要把纯粹的语言表述付诸实践，被暂时掩盖的分歧很快又会重现。

关于基础权利，我们只知道一件事，那就是它们是实现终极价值所必需的，因此对终极价值来说，它们是一种迫切的要求。但是，终极价值自身不能被证明只能被提出，因为终极的东西，就其本性来说是不能建立在别的东西之上的。而且，终极价值之间也是存在对立的，它们不能同时都被普遍实现。对于坚持对立价值的双方来讲，为了实现这些价值，互相迁就让步是必要的。而且，这场调停所要求的迁就让步，也包括个人喜好、政治选择以及思想体系的倾向性在内。因此所有上述三种有关定义的形式，都不能使我们得出定义明确的人权范畴。人们不禁好奇，关于人权基础问题，不管是不是绝对基础，它连形成一个清晰的概念都不能做到，如何能被作为一个问题来对待呢。

5. 第二，人权乃是一种可变范畴，这已在过去几个世纪的历史中得到了充分说明。历史环境，诸如统治阶级的要求与利益、他们所制定颁布的可用的手段、科技的进步等等都处在不断的改变之中，人类权利的清单也一直在被修正，而且还会继续被修正下去。有些权利在 18 世纪末期被宣传为绝对的，如被称为神圣不可侵犯的（*sacre et inviolable*）财产所有权，却在当代权利宣言中受到很大的限制；然而，现在所突出的一些权利，像社会权利，在 17 世纪甚至不会被人提及。预见到新的要求将会出现并非难事，而此刻我们只能简单提及：如勿持有武器来反对某人意愿的权利、尊重动物的生命而不仅仅是人的生命的权利。这些权利，就其本质而言并非根本性的。在一个特定历史时期或特定文化中作为根本性的东西出现的，在另外一个历史时期或文化中，就不再是根本性的了。

要想把具有历史相对性的权利归因于一个基础是很困难的。我们也不必害怕相对主义。显然大多数的宗教观念和道德观念是历史事实，同时也是可以改变的。从这种多元论中推导得出的相对主义本身就是相对的。恰恰是这种多元论自身，为赞成某些最为重要的人权——诸如一般意义上的宗教自由及思想自由——提供了最强有力的论据。如果我们不确信种种目的论概念是不可化简的、多元的，相反却去相信，宗教的、伦理的、政治的宣言可以用一般原理来解释证明（像自然法的拥护者们一样自欺欺人，例如霍布斯，他就将自然法称为"一般原理"）的话，那么宗教自由或政治思想自由的权利将会失去它们存在的理由，或者说至少将获得一种不同的含义：它们将不再是人追随个人宗教信仰的权利，不再是人表达个人政治观点的权利，相反却将变成被强制不违背对某真正宗教或某单一政治利益的追逐的权利。宗教自由的权利与科学自由的权利之间的显著差别是毫无意义的。宗教自由是指信奉某种宗教或完全不信教的权利。科学自由却不是指信奉某一科学真理或完全不相信科学真理的权利，它本质上是指不受妨碍地从事科学研究的权利。

6. 除了定义不明确（本文第 4 节）以及含义不断变化（第 5 节）之外，人权范畴还具有异源性。同一份宣言可以包括十分不同的类型的需求，更糟糕的是，这些需求还互相矛盾。用来证明这些需求的论据，对证明另一些需求并不能奏效。在此情形之下，我们谈论的不再是人权基础，而是某些原理，或者是某些完全不同的基础，这些基础是为我们为之论战的某一权利而量身定做的。

就像我们在一些场合已经观察到的那样，人的各种权利的"地位"（status）是变化着的。有些权利是在任何情形下都有效的，是无差别地关于全人类的，诸如不被奴役的权利、不被拷打折磨的权利，等等。就这些权利而言，即使是在例外情况下，或是在应严格界定的这种或那种人权范畴的关系中，它们也不会有什么限制。这些权利是享有优先权的，因为任何其他权利都无法凌驾其上，这些权利也是基础性的，不涉及在特定情形下或在与特殊类型的关系中进行选择的问题。在主张某一人群应获得一种新权利的同时，不可能不对另一人群先前所享有的某一权利造成压制。对不被奴役权的认知，暗示着可拥有奴隶权的废除；对不被折磨权的认知，暗示着对可折磨他人权的禁止。在这些案例中，我们做出的选择看上去是简单的、自明的，所以如果有人让我们去证明它们，我们会感到奇怪（我们把在道德上自明的东西看成是无须证明的）。

然而，在多数情况下，我们的选择是可疑的，是需要解释的，因为被主张与被禁止的权利都有对自己有利的论据。例如在意大利，有人要求废除对上映影片的审查制度。选择很简单：

你把艺术家的自由放在一杆秤上，把政府的自由放在另一杆秤上即可，通常来说，政府一方是不称职的、刻薄的、使艺术家窒息的。但是当你反对电影制作方自由表达的权利，而要保护公众不被震惊、不被触犯、不被惹怒的权利时，问题就会变得困难了。问题的解决方案在于对双方的权利都提出限制，以便使每一方的权利都在一定程度上得到保护。为了使我们关于电影审查制度的举例继续下去，我们的宪法规定了高雅品位的限度。

因而将会出现这样一种情况：如此不相关的领域的权利之间无法获得共同基础，但更重要的是，第二种类型的权利——即可以成为基础性权利但要受很多限制的权利——也不能获得绝对的基础，因为绝对基础会使它所受的限制失效。

7. 必须要分清以下两种情况：一种情况是前面讨论过的，此一类型的基础性权利与另一类型的具有同样基础性的权利之间的冲突；另一种情况则会更严重地破坏我们对于绝对基础的探寻，那就是同一人群主张的不同权利之间的矛盾。所有近期发表的人权宣言，都不仅包含传统意义上的个人权利或者说"自由"，还包含所谓的社会权利或者说"权力"。前者仅向他人（包括公共团体）提出消极义务的要求，要求他人勿采取某种形式的行为；而后者则通过向他人（包括公共团体）强加一定数量的实在义务才能获得实现。二者不能同时获得发展，在这个意义上讲，它们是二律背反的，一组权利的全面实现会妨碍另一组权利的全面实现。个体权力越大，其自由就越少。它们是两种如此不同的法律情境，甚至用来支持前者的论据对于后者而言却毫无价值。为基础性自由而设的两个原理性论据是：(a)终极信仰的不可能性；(b)可以相信的是个体所能享有的自由越多，则他或她所能取得的道德上的进步就越多，对社会物质进步的推动就越大。可是，上述第一条论据无法使对新权力要求的正当化得到确证，而第二条论据则被历史证明是错误的。

两种基础性的但又互相矛盾的权利无法获得一个绝对原理以使它们自身都无可辩驳、不可抗拒。在此有必要回顾一下，为某些已经实现的权利建立一条绝对基础的幻想，已经对提出与旧权利完全或者部分不相容的新权利构成了妨碍。比如请想一想支持财产权绝对原则的自然法理论对社会立法进步所构成的妨碍吧。在近百年的时间里，对引入社会权利的反对就是以自由权利绝对基础的名义展开的。绝对基础不仅仅是一种幻想，有些时候还会成为捍卫保守态度的一种托词。

8. 到目前为止，我已经通过讨论解释了对于人权的绝对基础的寻求是徒劳无功的。但是还存在问题的另一个方面，它产生于先前的考察，并将我们引导到前面提到的第三个问题上，那就是要搞清楚，基础原理的成功发现，是否会达到我们所希望的对人权更为快捷、更为有效的认识与落实。在这里要质疑的是伦理理性主义的第二个教条以及有关自然法的第二个幻想，这种幻想不但坚持认为终极价值可以用定理来证明，而且认为为了保证终极价值的实现，只需证明它们（证明它们是无可争议的、不容置疑的）就足够了。让我们暂且撇开论证终极价值可能性的教条（我已在上文尝试证明了其说法缺乏成立的基础）不说，伦理理性主义在其更极端、更老式的构想中，也声称对价值理性的证明不仅是实现这些价值的必要条件，而且是充分条件。其第一个教条假设了理性的**权力**，第二个教条假设了理性的**第一性**。

历史已经证伪了伦理理性主义的第二个教条及其最惹人注目的历史的表述：自然法。关于这一问题，我还要做三点讨论。

首先，不能说在学者们一致赞同他们已经发现了捍卫人权学说的无可争议的论据——可以从人性或人的本质中推导出来的绝对基础——的时期内，人权得到了更多的尊敬。其次，在过去几十年里尽管大家不再相信那些似是而非的绝对基础，但还是有更多的现任政府通过相互协商赞同了《世界人权宣言》。作为这一宣言的后果，基础原理问题已不是什么关系利害的大问题了。如果大多数现任政府已经赞同了共同宣言，这就标志着它们已经有很好的理由去按照《宣言》所说的去做了。现在的问题不再是去建立更多的论据，或者去建立那种自然法的再生信仰者们应该拥有的单一的无所不包的论据，而应该是为更广泛、更缜密地实现这些已被主张的权利去创造条件。很明显，如果一个人为创造这些条件而工作，他就必须得相信人权的实现是值得拥有的结果。但是，就创造条件而言，仅有这种信念是不够的。很多条件（在此我已转至讨论的第三点）并不依赖于各国政府良好的意愿，而且也很少依赖于那些习惯于去证明某些特殊权利的绝对益处的聪明的政府。比方说，只有国家的工业改革，才可以使保护与劳资关系相关的那些权利成为可能。应该注意到的是，某一国家里反人权——尤其是反对人的社会权利——的反动分子所用的最有力的论据并非是人权理论缺乏基础，而是这些权利根本无法落实。当主张权利的时候，达成共识是容易的；但当落实权利的时候，保留与反对就开始出现了。

今天关于人权的最根本性的问题，很大程度上不再是如何**证明**它们，而是如何**保护**它们。这是政治问题而非哲学问题。

9. 不可否认，基础原理的影响已经倒塌了，但我们也不必为了克服这一现实而尝试去发现另一种绝对基础来替代我们失去的那一个。我们今天的任务更朴素了，但也更困难了。我们不必去发现绝对原理——一项崇高而绝望的事业，相反我们必须要为每一特殊环境去发现各种**可能的基础**。然而，甚至是对这种可能基础的研究——它不像其他研究那样注定失败，而是一项法律任务——，如果没有对某些具体权利如何能得到贯彻的条件、方式和形势的研究与之相配套的话，也不会有什么历史重要性。这项研究，是历史学家与社会科学家的共同任务。人权的哲学问题，不能从权利落实过程中固有的历史问题、社会问题、经济问题以及心理问题之中剥离出来。关于目的的问题就是关于方法的问题，这就是说，哲学家不再是孤军作战了。那些坚持独立研究的哲学家正在宣判哲学是一个无用的角色。这种基础信仰危机也是哲学信仰危机的一个方面。

人权的现状及未来

Presente e avvenire dei diritti dell'uomo

三年前在国际哲学研究所举办的"人权基础"讨论会上，我在发言①的结尾部分明确表示：我们这个时代所面临的最根本的问题，不是去发现什么人权的绝对基础，而是如何保护人权。从那时起，还没有什么理由能改变我的看法。我的论断当指向哲学家时或许还有些争辩的意图在内。但是，当我在由意大利顾问委员会举办的关于人权问题的主要是法律性质的会议上重申这一观点时，它几乎就是一个必要的导言了。②

我们所面临的问题事实上不是哲学问题而是法律问题，或者从更广泛的意义上来讲，是政治问题。它们不是要知道存在哪一种或哪几种权利、这些权利是什么性质的、它们是建立在什么基础上的、它们是自然权利还是历史权利、是绝对权利还是相对权利的问题，而是要寻找一种最可靠的办法来保护它们，

---

① 参看前文，该文首次以法文发表，题为《绝对基础的幻觉》（*L'illusion du fondement absolu*），载于《人权的基础》（*Le fondements des droits de l'homme*, Firenze: n. pub., 1966）第 8 页（又第 170 页），后又发表了意大利文版《人权的基础》（*Sul fondamento dei diritti dell'uomo*），载于《法哲学国际评论》1965 年第 42 卷（*Rivista internazionale di filosofia del diritto*, vol. XLII, 1965），第 302 - 309 页。

② 本文是我 1967 年 12 月 1—3 日在都灵，在由 SIOI（意大利国际组织协会，Società Italiana per l'Organizzazione Internazionale）举办的人权问题国内研讨会上宣读的引言性发言。

来阻止它们正在遭受（尽管有那么多的神圣宣言存在）的持续不断的侵犯。当联合国大会在上一次分会上通过了前一次分会的决议（即国际人权会议将于1968年春在德黑兰召开）时，它表达了一种希望，希望这次会议可以"在采取措施鼓励并扩大对人权和基本自由的**尊重**这一问题上取得重大进步"。① 尊重人权和基本自由的需要，产生于人们广泛持有的对于权利合法性的信念，这一点早已深入人心，因此权利的基础问题不能回避。但是，当我说我们所面临的日益迫切的问题不是基础的问题而是保护权利的问题时，并不意味着我们认为基础原理的问题不存在，而毋宁说它已在某种意义上得到了解决，这样我们就不必再关心这个问题的解决之道了。你甚至可以说，今天，关于基础的问题已经在联合国大会1948年10月10日通过的《世界人权宣言》当中得到了解决。

《世界人权宣言》代表着一种特别的证明，即一个价值体系可以被视作建立在人性基础上，因此也可以通过人性来认知它：这一证明被人们一致认可，而不问其有效性。自然法的拥护者们恐怕已经在大谈其"国际间一致赞同"（*consensus omnium gentium*）或者"人类"（*humani generis*）了。

价值可由三种方式证明：从连续的客观事实——如人

---

① 引自《国际社会》（*La Comunità internazionale*, vol. XXII, 1967），第337页。此处及下文另一处均请参看：F. 卡泼托尔蒂（F. Capotorti）：《致力于改进人权的联合国》（*Le Nazioni Unite per il progresso dei diritti dell'uomo. Risultati e prospettive*），载于《国际社会》（*La Comunità internazionale*, vol. XXII, 1967），第11-35页。

性——中将其推论出来；将其认作自明的真理；最后，发现其在一个特定的历史时期内被广泛接受（事实上就是靠舆论证明）。如果人性真的存在，并且如果我们能理解它的实质，假设它作为一个持续不断的现实性存在，第一种方法就会为我们对其普遍有效性提供最强有力的保障。但根据自然法的历史来判断，人性可被以最多的方式来解释，而且对自然的诉求已经被用来证明了截然相反的价值体系。根据人类的本性，哪一种是人类的基础性权利——是斯宾诺莎主张的最强者的权利，还是康德主张的自由的权利呢？第二种方法——诉诸自明性——的缺点在于将自己置身于证明的要求之外并拒绝所有理性的讨论。事实上，一旦我们将那些据称是自明的价值拿去接受历史的检验，我们就会意识到，那些在特定时间内被一些人看作是不证自明的东西，在另一个时期内却不会被另外一群人看作是不证自明的。在1789年《宣言》的作者们看来，财产权是神圣不可侵犯的，这一点可能是作为自明的观点出现的，但今天，所有涉及将财产权作为人权的意见在最近的联合国文件[①]中都消失了。在今天，还有谁不会认为"被拘留者不应该被严刑拷打"是不证自明的呢？然而，在许多个世纪里，严刑拷打曾作为一种正常的司法程序而被人们接受并受到保护。当人们沉浸于对暴力的证明时，"以暴制暴"（vim vi repellere licet）看上去是自明的，然而今天，非暴力的理论被日益广泛传播，这些理论是建立在摒弃"以暴制暴"的原则之上的。

---

① 此处我指的是《经济、社会及文化权利公约》，该公约与《公民权利和政治权利国际公约》一起，于1966年12月16日在联合国大会上通过。

证明价值的第三种方法就是证明"它们是为舆论所支持的",因为一种价值越正确就越会被大家所赞同。以舆论为论据实际上是用主体间性的证据取代了客观性的证明,后者注定是不可能的或者至少是极不确定的。当然,这是一个具有历史性的基础,因此就不是一个绝对基础,然而正是这种导致意见一致的历史性基础才是唯一可以被实际证明的基础。因此《世界人权宣言》可以被视为对关系到一个特定价值体系的"国际间的一致赞同"的最伟大的历史证明。自然法最早的拥护者们不相信大众舆论可以作为自然法的基础。他们并非完全错误,因为此事很难断言。它需要对在模糊不清及错综纷繁的各民族历史中所产生的文献进行研究,就像维柯曾尝试去做的一样。但是现在,我们有了这样一种文献:它在1948年10月10日这天在联合国大会上被48个国家所通过,从此以后被用来激励和指导历史进程,借此国际团体已开始变化,不仅仅有由各个国家组成的团体,还包括由自由平等的个人所组成的团体。我不知道人们是否晓得《世界人权宣言》仅仅在多大程度上代表了一桩史无前例的历史事件——这是历史上生活于这个星球上的大多数人首次通过其政府自由地、清楚地接受了一个关于人类行为的基本原理性体系的事件。通过这一宣言,一个价值体系——在历史上首次——不仅是理论上而且是**在事实上**成为普遍的,因为依赖于宣言的正确性和正当性而把握住未来社会命运的舆论清晰地得到了表达。(各宗教及教会所维护的价值,甚至基督教这一最流行的宗教所维护的价值,到今天为止,**在事实上**——即从历史上讲——也仅仅涵盖的是部分人群。)只有在《宣言》之后,我们才获得了一种历史确定性,即人性在整体上有着一些共同价值,而且我们也正是借助这些价值在历史上的合法性最终相信它们具有普遍性。这里的"普遍"一词,并不是说这是一个客观现实,而是说这些价值被人类整体在主观上接受了下来。

这一普遍性是渐渐达成的。各种人权宣言的形成可以被划分为三个阶段。这些宣言早先都是作为哲学理论被撰写的。第一阶段的宣言可以在哲学著作中找到。如果我们不想追溯到远至斯多葛学派的关于"理智的人们组成的普遍社会"(明智的人是一个世界公民,而不是这一或那一祖国的公民)的思想的话,那么就应该说到自然法的理论了,它的创建者是约翰·洛克,他发展了这一思想:人,因为是人,所以享有不能为任何人(包括政府)从他身边拿走的而且他自身也不能放弃的(甚至当他被环境所迫而放弃它们时,这种转让也是无效的)某些自然权利。洛克认为,人类的真正状态不是文明社会,而是在其中人人自由平等的一种自然状态。文明社会是一种人为的创造物,其目的无非是增进这种自然的自由与平等。尽管他那种自然状态理论已为今天的人们所抛弃,但《世界人权宣言》的第一句话仍然清楚地透露出它的回声:"人人生而自由,在尊严及权利上一律平等。"这相当于用另一种方式来说明人们自然地自由平等。人们几乎不可避免地要忆起卢梭《社会契约论》中著名的开端:"人类生而自由,却无往不在枷锁之中。"《宣言》也回应着这句话,因为**事实上**,人们生来既不自由也不平等。① 从理

---

① 我曾在别处讨论过这一观点,参看《人的平等与尊严》(*Eguaglianza e dignità degli uomini*),载于《人权与联合国》(*Diritti dell'uomo e Nazioni Unite*, Padova: Cedam, 1963),第 29 - 42 页。

想性的出身或本性角度来说，人类是自由平等的，实际上自然法的拥护者们讨论自然状态时就是这样认为的。人类的自由与平等，不是现实，而是人们追求的理想；不是真实的存在，而是一种价值；不是现存的，而是必要的。关于人权的最早的哲学理论，只是个人思想的一些纯粹的、简单的表达：在它们指向跨越时空的理性的人时，它们是普遍的；但是它们是在现实中极端受限的，充其量也只能是为未来立法者提供建议。

从这些理论被立法者采纳为新国家观的基础这一刻起，由于新观念中的国家不再是绝对的，而是易受限制的，不再是目的本身，而是实现超越一切实存的先在目的的一种手段，对人权的肯定也就因而不再是一种高贵的需求的表达，而是一种真正的权利（在这个词的严格意义上讲，即实在的有效的权利）体系的起点。这一过程是伴随着美国与两次法国革命所做的权利宣言发生的。因此，人权历史的第二阶段就是从理论到实践的转变，即从它仅仅作为一种权利的观念向人权法律的制定与颁布的转变。通过这种转变，对人权的肯定获得了具体性，但却失去了普遍性。从这一刻开始，权利被作为真正的实在的权利受到保护，但只是在认可它们的国家里才有效。然而很多官方措辞可能会坚持人权与公民权的区分：它们不再是人权，而是公民权，或者说，它们至少仅当是某特定国家之公民权时才是人权。

1948年《宣言》开启了第三个也是最后一个阶段。**在这一阶段，对人权的肯定既是普遍的，又是实在的**。在下述意义上讲它是普遍的：它所包含的原理不再只关心这个或那个国家的公民，而是全人类。在下述意义上讲它是实在的：它所开启的历史进程，其结果将是人权不再仅仅是主张以及被认作是理想，相反人权必须得到有效的保护，即便为此而反对那些侵权的国家。在这一进程完成的时候，公民权将会转变为作为实在现实的人权。换言之，它们将是包含了所有人类因而是没有边界的政治整体的公民权，它将既是世界上的公民享有的权利同样也是人权本身。我们不禁会以另一种方式——也就是使用自然法和实在法的传统范畴——来描述以《宣言》为终点的这个历史过程：人权作为一种普遍的自然权利被发明，然后发展为具体的实在的权利，继而作为普遍的实在权利最终将被全部实现。《宣言》包含了一种辩证运动的初期的综合，这一辩证运动开始于自然权利的抽象普遍性，经过了国家实在权利的具体特殊性，最后以一种普遍性结束，这一普遍性不再是抽象的，它自己就是普遍实在权利的具体表达。

我之所以用了"初期"一词，意在让读者注意这一事实：《宣言》只是一个长期过程的开始，其最终实现的情况，我们还无法描述。《宣言》已超越了理论体系，但还未臻于法律规范的体系。就像已被人们多次注意到的那样，《宣言》并未把它所支持的那些原则称作法律规范，而是称作"所有人、所有民族要去实现的一种共同理想"。其中也存在对法律规范的诉求，但那只是理论判断的一部分。事实上，《宣言》序言中就表明："鉴于为使人类不致迫不得已铤而走险对暴政和压迫进行反叛，有必要使人权受法治的保护。"这一命题限定于在特定手段与特定目的之间建立的必然联系之上，或者如果你愿意这么说的话，这一命题呈现出了两个选项之间的选择：要么受法律保护，要么反叛。但命题本身并不将自身设定为一种手段。它虽然表示自身会选择哪一个，但它仍旧不涉及对它自己挑选的选项的执行。指出想走哪条路是一回事，能够贯彻执行则是另一回事。

当人权纯粹被视作自然权利时，防止它们被国家侵犯的唯一抵抗构成了另一种自然权利，即所谓的反抗权。一旦宪法承认某些权利是受法律保护的，那么天然的反抗权，就转变为一种通过采取法律行为来反抗国家的实在权利。但是当一个国家还没有认可人权值得保护时，其公民又能采取什么行动呢？唯一可能的行动方案还是由反抗权代表。只有将这种保护从几个国家扩展到所有国家，并且将对这些权利的保护水平提高到超越单个国家的水平，而由国际社会的全体或部分来实施，才能减少在压迫与反抗之间做出选择的可能。因此显然，宣言的作者们通过理论判断（或者说通过与理论判断是一回事的那种二者择一的选择）表明，他们完全知道可以达到预期结果的手段。但在这里仍然是：知道手段是一回事，执行则是另一回事。

《宣言》只代表了人权普遍实在化阶段——人权历史的最后阶段——的第一步，人们在这么说时通常意指国际社会（它还未实现对权力的垄断，而权力垄断却是现代国家诞生的一个明显特征）中实施保护权利的有效方法还存在着困难。另外，即使在《宣言》的内容方面，也还有种种问题。就其所列诸项权利的质与量而言，《宣言》也不能确保对之做出了明确的界定。人权甚至也只是历史性的权利，它们是从解放自己的战斗中、从这些战斗所引发的生存条件的转变中逐渐显现出来的。"人类的权利"这一表述当然是有所强调的，然而，即便这种强调只是一种权宜之计也仍具有误导性，因为它暗示了权利属于抽象的人，如此一来就将权利抽离了历史背景，同时还暗示只要紧盯着人的本质与永恒性，我们就可以得到关于人的权利与义务的确定知识。今天，我们知道，所谓的人权是人类文明的产物而非自然产物，因为具有历史性的权利是处在不断变化之中的，因此容易发生转变或增长。只要看看自然法的早期拥护者们的著作，弄清开列权利的名单是如何越来越长的，就足够了。事实上，霍布斯仅仅承认一种权利，即生存权。众所周知，人权的发展也经历了三个阶段。第一阶段是坚持自由权利，即所有权利都倾向于限制国家的权力，且许诺从国家那里为个人或某个特别团体争得一块自由的领地。第二阶段提出了政治权利，在这个阶段人们意识到，自由不仅仅是诸如不受干扰权那样的消极权利，还是诸如自治权那样的积极权利，因此就引起了社会团体成员对政治权力（或者说是国家**内部**的自由）实施进程的广泛而持续的参与。在最后一个阶段中，社会权利的主张被提了出来，这体现了新要求的形成，我们可以称这些新要求为这样一些新价值，它们关注的不再是形式上的平等而是福祉本身，也可以把这些新要求称为**通过**国家**并借助**国家而实现的自由。如果有某人告诉洛克——那位自由权的捍卫者——说，所有公民都应该拥有参与政治的权利，或者更为糟糕，他们都有被有偿雇佣的权利，洛克将会称之为疯狂。因为洛克已深度考察了人性，他所观察到的人性是 17 世纪资产阶级或商人的人性。他不可能从另外的视角来观察人性，也不可能察觉到那些其他的人性，或更准确地说，那些根本无人性（既然人性总是被认为与某一特定阶级联系起来）的人的需要与要求。

所以，就如我们曾说过的那样，《世界人权宣言》无疑是向着在全球范围内保护人权这一目标推进过程中的一个起点，但它同时也是一个远未实现的进程，即致力于实现《宣言》内容

（即它所主张的那些权利）的进程的一座里程碑。《宣言》所列权利并非是唯一可能的人权：它们是历史的人所具有的权利，在由法国大革命为开端的这个时代里度过了二战之劫——其间还有苏维埃革命——的那些起草《宣言》的人们对此深有感受。无须太多的想象，人们就可以意识到：科技的发展，社会状况及经济状况的转变，不断扩展的知识，以及通讯手段的发达，将会为人类生活的组织形式及社会关系带来如此多的改变，以至于会为新的物质需求以及因此而来的对自由与权力的要求创造有利的条件。

这里仅举数例。今天人们接收到的信息的数量及强度日益增加，这就导致了对不受强迫的、被曲解的宣传所欺骗、打搅和干扰的需求的日益增长，要求接收真实信息的权利伴随着自由表达自己观点的权利而出现了。至于参与型政府，对参与经济运作的权利需求，正作为参与政府活动的权利（此项权利也无处不被认可，但并未总是得到实施）的延伸而越来越被感觉到，因为经济权力正日益成为政治决议中的决定性因素，同时也在影响所有人生活的选择中具有决定性。最后，社会权利的领域正在经历持续不断的变化：就像工业革命产生了对社会保护的需求一样，经济和科技的快速发展，也可能会导致我们此时甚至无法预料的新需求。《宣言》代表了一种历史性意识：在20世纪后半叶，人类拥有其自身的基本价值。它是对过去的总结，是对未来的启示，但却不是一经镌刻就永不刊变的碑铭。

我借助这些文字想要说明的是，今天，国际社会所面对的不仅仅是要准备好有效地保护那些权利的问题，还要通过对《宣言》的内容做更清晰的表述，澄清其细节，更新其内涵，对《宣言》进行持续不断的改善，以免使其沦为死板僵化的、听上去越庄严就越空洞的教条。近年来，国际团体已采取了一系列行动解决这一问题，然而这些行动，表明了这些团体已在多大程度上认识到《宣言》作为原始文献的历史属性，以及在多大程度上认识到有必要以让此文献在其内部不断展开的方式使之保持生命力。这才是《宣言》的真正发展之道，或许也是它逐渐成熟的方式，这个过程已经并将继续衍生出更多的文献，对这份原初文献进行更为深入的阐释与整合。

就此我仅举几例。1959 年 11 月 20 日，联合国大会通过了《儿童权利宣言》，序言提及《世界人权宣言》之后马上就提出了儿童权利问题，并将这一问题视作解决人权问题的方案中一个专门的部分。"鉴于儿童因身心尚未成熟，在其出生以前和以后均需要**特殊的**保护及照料，包括法律上的适当保护"，当这份宣言这样说的时候，儿童的权利与人权的关系已被视为类似于个别法（ius singulare）与共通法（ius commune）之间的关系，这份新文献赋予儿童之权利的重要性基于一般性中的特殊性，正如格言所言："给予每个人他们应得之物（suum cuique tribuere）。"再看看《世界人权宣言》第二条，它谴责了任何基于性别、种族以及宗教、语言等等而产生的歧视。就性别歧视而言，《宣言》再恰当不过地使用了一种普遍性陈述，当"个体"一词在文本中出现的时候，它无差别地指男人和女人。但 1952 年 12 月 20 日联合国大会又通过了《妇女政治权利公约》，该公约在开头三条中，保障了涉及选举、被选举及一切公职的获得机会等问题时无性别歧视。至于种族歧视，只要回忆一下下列事实就足够了：1963 年 11 月 20 日，联合国大会通过了消除所有形式的种族歧视的宣言（两年之后又通过了公约），在第十一条中，它特别指出了歧视行为的一些典型事例,并对一些具体的、定义明确的歧视行为予以强调,如种族隔离,尤其是**种族隔离制度**(第五条)——这些具体的操作显然是一般性的宣言无法界定的。

非殖民地化的问题或许是人权增长进程中最为有趣、最引人注目的例子之一。我们应该记得,最具决定性的非殖民地化历史形式发生在《宣言》发表之后。好吧,就让我们回顾一下。1960年12月14日通过的《关于准许殖民地国家及民族独立之宣言》一般性地提到了被视为一个整体的人权,但该宣言还有着更为丰富的东西,此即第一条所说:"各民族之受异族奴役、统治与剥削,乃系否定基本人权。"这对《世界人权宣言》的文本来说完全是一个补充,它所造成的爆炸性效果是不难想象的。事实上,《世界人权宣言》第二条第2款所说"(人权)不得因一人所属的国家或领土的政治的、行政的或者国际地位的不同而有所区别"是一回事,《关于准许殖民地国家及民族独立之宣言》所做的——将"异族统治的奴役"视为反人权——则完全属于另一回事。前者关心的是个体,而后者关心的是整个民族。前者止步于个体的无差别,而后者则延展至集体的无差别。事实上,这可以回溯地与"每个民族都有决定自己命运的权利"的原则联系起来,这一原则在法国大革命时代就被主张,从而成为上两个世纪里民族运动的思想源泉之一。《关于准许殖民地国家及民族独立之宣言》第二条所体现的正是这一原则。因此,显然出现了肯定各民族基本权利的需求,而这些权利并没有作为必要的部分包含在《世界人权宣言》专门为个体而设的权利中;而且,由于非殖民化运动以及对这一运动所体现的新价值的方兴未艾的觉悟,这种需求已与个体的权利形成了并肩发展之势。我们已经在联合国所通过的最后也是最重要的一批关于人权的文件中到达了这样一个阶段，即认可自我决定原则为一项基本原则或其他众原则的原则。《经济、社会和文化权利国际公约》《公民权利和政治权利国际公约》在1966年12月16日联合国大会上同时通过，它们在开头都说，"所有人民都有自决权"，接着又说，"他们凭这种权利自由决定他们的政治地位，并自由谋求他们的经济、社会和文化的发展"，都在第三条又加上一个强调，"各国……应促进自决权的实现"。

我无意一一列出致力于推进人权的各个联合国部门所采取的全部行动，它们——在这儿，我尤其想到了世界劳工组织已批准的关于劳工问题与工会自由的协定——构成了对《世界人权宣言》的发展与澄清。然而，我不能不在这里提及联合国大会1958年12月9日所通过的《防止及惩治灭绝种族罪公约》，它对《世界人权宣言》第三条与第五条的内容进行了拓展。《宣言》有两条涉及"个体"生命权，人身安全和不被奴役、不被以残忍、非人性及有辱人格的方式对待的权利，《公约》将其适用范围拓展到了"被视为一个整体的人群"。群体、民族、国家的新权利这次还是从作为个体的人所具有的权利中浮现出来的。（由这一维护群体利益的大宪章所引发的一个有趣又有些令人困惑的案例是，《公民权利和政治权利国际公约》第四十七条言及："所有人民充分地和自由地享受和利用它们的天然财富与资源的固有的权利。"之所以如此表述，其原因不难理解，但如果真要一字一句地严格落实的话，很难预料会出现什么样的后果。）

一开始我就说过，问题不在于如何创造人权而在于如何保护人权。我几乎无须再补充：为了保护人权，仅仅宣称它们是不够的。到目前为止，我只讨论了几个或多或少相互关联的声明。但我们面临的真正问题是已经或将能发明出何种方式去有效地保护人权。我们只能说我们走在一条走不通的路上，路上的行人要么是能看清道路，可双腿被绑缚着，要么是双腿自由，但可惜双眼被蒙蔽着。所以首要之务在于，人们必须要分清这两种不同类型的困难，前者严格说来是法律与政治层面的困难，后者则是本质性的——或者说植根于相关权利的内容之中的——困难。

第一种困难取决于国际社会的性质，或者更准确地说，取决于单个国家之间相互关系的类型，以及每个国家与被视作整体的国际社会之间相互关系的类型。人们可以用一种早期用以描述教会与国家间关系的区分方式，进而断言国际团体对其成员国拥有的是一种引导力（vis directiva），而非强制力（vis coactiva），尽管这种区分方式只能是一种近似的描述，但要做截然划分，就难免如此。一旦谈及法律保护并把它与其他形式的社会控制相区分时，人们指的是公民在国家内部所享有的保护（如果他或她真的享有的话），也当然是一种基于强制力的保护。而引导力的有效性以及引导力与强制力在有效性方面的差异是一个无法在此处展开论述的难题。我仅限于做以下评述：引导力要实现自己的目的，就要具备以下两个条件，或至少是其中之一：（a）实施引导者必须具有高度权威性，也就是说这些引导者即便不能同时引起人们的尊敬与恐惧，至少也要让人心生尊敬；（b）被引导者一定是高度理性的人，也就是说被引导者必须一致认可讨论应建立在理性之上而非强制力之上。尽管一切一概之论都是不恰切的，尽管国家与国际团体间也是复杂多变的，但必须要承认的是情况总是如此：这两个条件总是缺了这个或那个，有时二者均付阙如。准确地说更可能的情形是：国际团体所应致力于保护的那些人权并没有得到充分保护，或者根本就没有真正被保护。国内的藐视人权与国际上对国际团体的缺乏尊重同时并行。一个政府对自己公民的自由越是表现出独裁主义，则它对国际权威就越是表现出某种自由意志论者的（请允许我使用这个表达方式）态度。

现代政治理论来源于那些古老的区分，但却更加精确。在现代政治理论中，社会控制形式实际上被分为**影响**（influenza）与**强制**（potere）两类。影响是指这样一种控制方法：通过对他人的决定过程施加压力来决定其行动。强制是另一控制方法：使他人的其他行为都成为不可能从而决定他人之行为。显然，以这种区别为基础，严格意义上的法律保护和国际保障之间存在着区别，即前者使用了被定义为"强制"的社会控制形式，而后者纯粹是依靠"影响"。让我们来看一看菲利克斯·奥本海默的理论。他界定了劝说或劝阻、威慑、调节三种影响形式和身体暴力、法律强制、以严厉的剥削相威胁三种强制（或控制）形式。① 国际团体的控制，正好与影响的三种形式相符合，但却连强制的第一种形式都达不到。构成了我们长期以来已习惯于将其定义为"法律的"保护的基础的恰恰正是"强制"的第一种形式。我绝不是想让自己卷入浪费时间、吹毛求疵、模棱两可的遁词之中，问题的实质在于要找出存在着哪些可能的社会控制形式，并在此基础上建立起一种目前应被或可被国际团体

---

① 菲利克斯·奥本海默（F. Oppenheim）：《自由的维度》（*Dimensioni della libertà*, Milano: Feltrinelli, 1964），第 31 页及以后各页。

所运用的控制方式。这甚至还要牵涉到对阻止侵越行为（或使之降低到最低限度）的有效方式和不那么有效的方式之间进行区分，势必还要让我们去探讨目前正在国际层面被或可被运用的人权保护方法有多大效果。

截至目前，国际团体为保障人权所采取的行动可以被分为三类：**促进**、**监督**和**保证**。① "促进" 意指为实现如下 "双重目标" 而采取的一系列行动：(a) 劝导那些没有保障人权的规则体系的国家去引进一套规则体系。(b) 对那些确实已有一套规则体系的国家，诱导它们对这一体系做两方面的提升：一是在法律内容方面（包括被保障的权利的数量和质量）；一是在诉讼程序方面（包括法律控制的数量和质量）。"监督行为" 特指各种国际团体所实施的一系列监督办法。这些办法用以监督国际组织提出的建议被采纳到何种程度，国际公约被遵循到何种程

---

①对于这一分类，人们应持保留态度。因为要分辨 "促进" 在哪里结束，"监督" 从哪里开始，以及 "监督" 在哪里结束，"保证" 从哪里开始，这并非总是很容易的事情。这三个阶段，只是为了解说的方便而从一个连续统分析出来的。如果要更深入地研究这一问题，请参考 A. 卡塞斯（A. Cassese）的两篇论文，一是《人权国际保护当代趋势下的国际控制：以结社自由为中心》（*Il controllo internazionale sul rispetto della libertà sindacale nel quadro delle attuali tendenze in materia di protezione internazionale dei diritti dell'uomo*），载于《传播与研究》（*Comunicazioni e studi*, Istituto di Diritto Internazionale e Straniero dell'Università di Milano, 1966）第 293 - 418 页；一是《联合国消除所有形式的种族歧视的公约的保障体系》（*Il sistema di garanzia della Convenzione dell'ONU sull'eliminazione di ogni forma di discriminazione razziale*），载于《国际法学刊》卷 50（*Rivista di diritto internazionale*, vol. L, 1967），第 270 - 336 页及参考文献。

度。以两个典型的监督办法为例——它们都是前文所提到的 1966 年两个公约所采纳的。一个监督办法是每一个缔约国都承诺提交一份**报告**，来报告该国采取了哪些办法来保护《公约》所涉及的人权（参看两个《公约》的第四十条），另一个监督办法是作为缔约方的任何国家都可以以**公报**形式对未能履行公约所规定义务（参看两个《公约》的第四十一条）的缔约国提出谴责。① 最后，通过"保证行动"（从该词的严格意义上说也许仅使用"保证"一词更好），意指让那些已在国际上充分发展起来的法律保障组织，来代替那些仅仅停留在国内层次上的组织。保障行动的前两种形式与第三种形式之间的区别至为明显。"促进"与"监督"均是专门针对一国内部的现有保障或其建设而言的，即，它们致力于增强与改进国家层面的法律系统；而第三种形式的活动，其目的在于，当前两者不充分或完全缺失之时，创造一种新的、更高级的管辖权，并用国际层面的保障体系取代国家层面的保障体系。

众所周知，1950 年 11 月 4 日在罗马通过并于 1953 年 9 月 3 日生效的《欧洲人权公约》，通过个别成员向被公认为一种新创举的欧洲人权委员会提交申请的程序（参看该公约第二十五条）为第三种保障类型提供了典范。② 这个新举措在当时体现了现有

---

① 我在前面的注文中曾提到卡泼托尔蒂的文章。他在其文章的第 5、6 节中对这些问题有着更深入的讨论。他提醒人们注意国际劳工组织宪章的第二十二条以及联合国教科文组织宪章的第八条。

② 请参看 G. 斯普都蒂（G. Sperduti）为《欧洲人权公约》（*La Convenzione europea dei diritti dell'uomo*, Consiglio d'Europa, Strasbourg, 1962）所写的前言。

国际人权保障体系中最先进的观点。当一种国际司法权能够凌驾于国家司法权之上时，人们将只能谈论国际人权保障。现阶段仍居主流地位的国家**内部**保障于是将转变成**反**国家的保障。

我们应该记得，每个国家内部的人权斗争都伴随着代议制度的建立，伴随着以集权为基础的国家的解体。尽管所有的历史类推都需要慎重对待，然而，为了权利得到认可而做的斗争——包括反对国家的那些斗争在内——可能都要以与其他国家相关联的国家之外的权力观的改变为前提，也要以国际团体的代议性质的增加为前提。而且，这种改变已经在进行中了，尽管非常缓慢。《欧洲人权公约》的例子表明，在国际人权保障的各种形式越是先进的地方，那里的国家人权保障也越先进，更严格地说，那里对国际人权保障的需要也最小。我们说，"宪法保障"存在于那些人权保障系统正常运转的国家中。世界上的国家，有的有正常运转的"宪法保障"，有的没有。毫无疑问，那些没有正常运转的宪法保障的国家最需要来自国际层面的保护。然而这些国家恰恰又最不愿接受向国际化社会（国际化社会将会为建立能良好运转的充分保护人权的法律体系开辟一条路径）的转变。讲得形象一些，我们目前的形势是这样的：在那些也许并不完全需要的地方，国际层面的人权保障更有可能实现；而在那些迫切需要的地方，却不太可能实现。

除了法律、政治方面的困难之外，人权保障还面临着与这些权利性质本身相关的一些困难。令人惊奇的是，这些困难往往不受关注。大多数权利在今天已经成为普通道德态度的一部分了，运用这些权利也应该顺理成章。但事实却相反：它们的实现是异常复杂的。一方面，这些权利在整体上的一致让我们相信，它们拥有一种绝对价值；另一方面，那个单独的通用术语"人权"又暗示着一个统一范畴。然而，大多数人权并不是绝对的，而且它们也不构成一个统一范畴。

我使用"绝对价值"一词意在指称为少数权利所具有的地位，它们由于这一地位而在任何情形下对所有人群都有效，无任何差别地有效。这种特权地位取决于这样一种相当罕见的情形，即基础性权利之间不存在相互抵牾的那种情形。我们必然以如下清晰的陈述为出发点：你若引入有利于一类人的权利，就势必压制另一类人的权利。"不被奴役"这一权利暗示着消除了拥有奴隶的人的权利，正如"不受折磨"这一权利暗示着压制了"折磨别人"的权利。然而，这两项权利可以被视作绝对权利，因为按照惯例，那些行为被视为非法的，而且，对这些权利的保护是被广泛要求的。其证明可以在《欧洲人权公约》中找到。《公约》规定，当发生战争或发生危及公众的事件时，有些并不合理的权利可以暂时保留，但上述两项权利却被明确地排除在外（见《公约》第十五条第2款）。然而，大多数情况下，两项地位相当的基本人权会彼此发生冲突，不可能在无条件地保护其中一项权利的同时，而不让另一权利失效。举个例子，一方面是言论表达自由的权利，另一方面又是不受欺骗、煽动、诽谤、冒犯、诋毁、中伤的权利。在这类情况下——这是大多数的情况——一个人不得不将基础权利视作相对的而非绝对的。这是在以下意义上说的：在某个特定阶段，对这些权利的保护会遭遇不可克服的障碍，即另外一项同样基础性的而又与此项权利相冲突的权利也必须受到保护。一项权利的结束与另一项权利的开始的分界线难以确立,且在具体操作上见仁见智,因而对基础人权的划界会非常复杂多变,且不能一劳永逸地得到确立。

我们都知道,《欧洲人权公约》的有些条款可以分为两段,第一段确立一项权利,第二段则列举一些例外情况,有时例外情况会非常多。在很多情况下,一项权利被某些群体视为基本权利但却得不到认可,原因是站在对立面的另一项基本权利仍继续占有优势,仍在正大光明地进行反对。哪一项权利更基本呢?是不杀人的权利呢,还是作为整体的社会抵御外部侵略的权利?是我的良知即所属的人群的价值观呢,还是特定历史时期人类整体的道德良知?做出这些判断的标准非常模糊,相对于司法制度为了秉公判断对错而要求贯彻实行的某种固定原则而言,实在是太模糊了——这一点,谁又能不知道呢?

当我说所有的人权构成了一个异源范畴时,我意指这一事实:人权一旦像包含"自由"那样包含了"社会权利",作为一个整体的这个范畴便会包含互不相容的各种权利,即那些如果不限制或抑制对其他权利的保护就无法实现自身之保护的权利。人们可以幻想一个既自由又公正的社会所需要拥有的一切,在其中所有的"自由"与"社会权利"被同时广泛实现。然而,我们所面对的各种真实社会却因缺乏公正而是自由的,或因缺乏自由而是公正的。让我来澄清一下,我使用"自由"(libertà)一词,意指无须政府干预仍能得到保障的权利;我使用"权力"(poteri)一词,意指要求政府为保障权力实施而进行干预的权利。是的,"自由"与"权力"是不相容的,也不像一些人想象的那样,是可以互补的。举个老生常谈的例子,发达的购买汽车的能力削减了公路旅行的自由，几乎使之完全瘫痪。再举个不那么老套的例子，在意大利，14岁以下去学校受教育的社会权利的扩大，压制了选择不同类型学校的自由。但也许无须举例就可以知道，我们所处的当代社会以日益增长的组织效率为特征，我们每天都获得一点能力，但作为代价，又要失去一些自由。无法完全同时实现的两种类型的人权的这种区别，还取决于这一事实：在理论层面同时存在两种相反的、互相竞争的关于人权的不同观念：一个是自由主义的，一个是社会主义的。

两种人权观的不同恰恰是来源于这一信念，即在两种类型的权利观之间必须要做出选择，或至少让一种类型占据优势；因此也来源于基于这种选择与优势而建立起来的不同标准。即使两种类型的人权观都宣称自己综合了两种类型的人权，代表它们的不同政治制度也已经严格地接受了历史的检验。从两种类型的政治制度的发展之中我们所能期待的，不是一种综合，而是一种妥协（也可能算是一种综合，但只是暂时性的）。但此处我们又要面对一个问题：应该用哪一种基本评判标准去评价这种妥协呢？没有人能给出可以使人类避免陷入悲惨错误的危险的答案。迄今为止，人类文明的基本价值已因对人权的宣告而浮现出来，但终极价值却仍相互矛盾：这是一个难题。

再谈谈我的最后一个问题。我已谈及"人权"范畴被当作一个整体时其内部所存在的困难。我还必须要指出与实现权利的条件相关的困难。并非每一件值得拥有的、值得努力的事情都可以获得成功。实现人权要求需要一些客观条件，而这些条件的实现不能依靠那些主张权利的人们的良好意图，也不能依靠那些有办法保护权利的人们的同情心。即使最自由主义的国家也会在战争期间暂停某些权利的落实，正如即使最社会主义的国家也不能在发生饥馑时保证财产的平均分配一样。众所周知，发展中国家今天所面临的最为棘手的问题是它们发现自己处于这样一种经济形势之中：不管它们的理想是什么，这种形势都不会允许保护大部分的社会权利。工作权利伴随着工业革命而来，而且与工业革命的实现密切相关。光是确证或主张这样一种权利是不够的，甚至只是保护它也是不够的。落实这一权利的问题，既不是哲学层面的，也不是道德层面的，而且也不是司法层面的。这一问题的解决依赖于社会的发展，正是这一点让最先进的宪法也受到挑战，让最完美的保障机制也捉襟见肘。

我相信，如果想要避免使讨论沦为一种学术演练，关于人权的每一个讨论都必须要考虑到我已简要指出的人权问题本质上的及具体操作中的所有困难。一个更好的人权保障体系的贯彻落实，是与人类文明在全球范围内的发展相关联的。如果只是孤立地考虑这一问题就会有风险，问题不仅得不到解决，甚至其真正意义也将不为人知。它使每一个孤立地看待它的人备受困扰。人们不能从我们时代的大问题中单单只提取出人权问题。所谓大问题，即战争、贫穷、曾为种族灭绝战争创造条件的过度**权力**，以及难以置信地与之形同天渊的过度**无权**——过去人类中的大多数都因过度无权而在饥饿中挣扎。这是我们能真实地触及人权问题的唯一语境。我们切莫太过悲观以至于在绝望中放弃，也莫要太过乐观以至于过于自信。

对于那些想要客观公正地检视二战后人权发展的人，我愿意建议他们先做一些适当的热身工作,即读读《世界人权宣言》并四处走走看看。这样,人们就会被迫认识到:尽管有哲学家们知识的进步、律师们大胆的规划,以及有着良好意图的政治家们的努力,但要走的路仍很漫长。尽管有千禧年之说,而在摆在面前的艰巨任务的相形之下,人类的历史似乎仍然是刚刚开始。

权利的时代

L'età dei diritti

在近期的一次访谈中,我就我们当代及未来时代人类社会最令人担忧的一些特点做了很长的讨论。其中最主要的三个问题是:人口仍然在加速增长而未能得到控制;环境在加速恶化而未能得到控制;毁灭性武器仍然在加速、荒谬地增长亦未能得到控制。紧接着这番讨论,我被问及:在人们关心的诸多因素中,能否看出某些具有积极意义的苗头?我回答:是的,至少我能看出一点,即在国际讨论中、在知识阶层以及政治家群体的讨论中、在各种工作小组以及政府会议中,对于人权问题的认识正在日益受到重视。

显然,人权问题不是什么新问题。至少从近代初期开始,起初是通过基于自然法的各种学说的传播,继而是在自由制国家宪法关于人权的宣言中,这个问题一直伴随着世界范围内宪法国家的产生、发展与确立而存在。然而,同样不可否认的一个事实是,直到二战以后,这个问题才由一国内部的问题转变为国际性问题,并且在历史上第一次成为关涉到全人类的问题。

格雷戈里奥·佩塞斯-巴尔巴所编的文献选集《人权实在法》一书的引言部分提出并阐释了人权在其发展史中,随着力量的不断增强而经历的固定化、一般化、国际化三个演进阶段。[1]

---

[1] 佩塞斯-巴尔巴(G. Peces-Barba)编,《人权实在法》(*Derecho positivo de los derechos humanos*, Madrid: Editorial Debate, 1987),第13-14页。

1. 对于人权这一课题可以有许多不同的研究方法。它可以是哲学的、历史的、伦理的、法律的以及政治的。每一种方法既与所有其他方法相关，也可以被独立观照。就今天的讨论而言，我却选择了另外一种方法。我知道这有些冒险，或许还有点狂妄，因为它可能将会包含甚至超越其他所有方法。对于它，我能够想出的唯一名字就是**历史哲学**。

我非常明白，历史哲学在今天已经是名誉扫地了，尤其是在意大利，在贝奈戴托·克罗齐给它宣判了死刑之后尤其如此。目前，历史哲学被视为典型的19世纪的学科，已经过时了。或许在历史哲学方面最后的伟大尝试当推卡尔·雅斯贝尔斯的著作《历史的起源与目标》（*Vom Ursprung und Ziel der Geschichte*, 1949）①，但是，尽管该书对于人类历史伟大时代的阐述令人着迷，但还是很快被人们遗忘，也未能引发什么严肃的讨论。然而，在面对像人权这样一个宏大的课题时，是很难拒绝超越纯然叙述性历史的诱惑的。

无论历史学家们是否承认历史哲学的有效性，他们一般都认为，面对一个事件或许多个系列事件时，历史哲学总是根据历史终极目的论（或目的论）观念（这种历史观既适用于人类史也适用于自然史）提出"意义"的相关问题——这种目的论的观念将整个历史过程视为从开始到一种结果或一个终极目的

---

①卡尔·雅斯贝尔斯（K. Jaspers）：《历史的起源与目标》[*Origine e senso della storia*, Milano: Edizioni di Comunità, 1965（l'edizione Paperback 1982）]。

的实现。对于任何采纳了这种观点的人来说，历史事件不再是需要描写、记述、进行时间定位的事实材料，或许也不再需要根据历史学家们所广泛使用的发达的研究方法及科技手段来进行解释说明了，它们变成了**象征**或者**线索**，指向了在先定方向——该方向并不一定是意向的——上的运动的过程。即便历史学家们对于历史哲学缺乏信心甚至感到厌恶，可是对伟大事件的历史叙述当中能完全没有隐含的目的论视角吗——历史记录者可能对此是无意识的？

研究"旧制度"的一位历史学家，怎么可能在讲述大革命事件时可以做到不以其最终结果观之呢？把它们视为借助它们得到体现的那个先定秩序之迹象——难道能摆脱这种阐释的诱惑吗？

人是目的论动物，一般来说，他的行动总是着眼于一个被投向未来的目的。人对已有行动的"意义"的判断是借助它的目的来完成的。历史哲学方法代表了这种终极目的论阐释的转换，即从个体的行为转换为全人类整体的行为，就好比全人类是一个大号的个体，我们可以将小号个体的特征赋予它。让历史哲学变得成问题的，也恰恰是这种缺乏令人信服的证据的转换。无论谁要做这种转换——且不管这一转换在专业历史学家看来是不是合理——，最重要的事情是，他或她要知道自己正在走向康德所说的"预示性历史"的领域，也就是说，走向这样一种历史：其目的不是认识，而是劝告、劝诫，或者说建议。

2. 康德在晚期著作之一中自问：人类是在不断朝着改善前进吗？尽管有些犹豫，他还是觉得自己可以对这一问题给一个肯定的答案，他认为这一问题就属于对历史进行预示的一个概念。

在尝试证明某一历史事件可被视作人类前进倾向的"标志"时，他指出被法国大革命所触发的世界范围内公共观念中的热情只可能由"人类的道德倾向"所致。他阐释道："真正的热情总是在朝着理想的东西以及真正纯粹道德的东西前进的……不可能嫁接到自私心上面去。"在康德看来，导致这种热情的因素，以及因此人类道德倾向的可预言的特征，就是"一个民族的权利不被任何强力所阻碍去给自己制定一部自己满意的公民宪法"在历史意义上的呈现。康德用"公民宪法"来指与人们的自然权利符合一致的宪法，亦即"结合在一起服从法律的人们同时就应该是立法者"①。

通过将每个人"只遵守那些他自己参与其立法的法律"的权利定义为自然权利，康德又将自由定义为自治，定义为为自己立法的权力。此外，在写于同一时期的《道德形而上学基础》一文的开头，康德庄严而又明确地写道：法律一旦被理解为支配他人行为的道德能力——尽管这是一个超出了任何讨论范围之外的问题——，那么人类就有了固有的和后天获得的权利。在由自然授予而非由某一被竖立的权威授予这一意义上讲，自

---

① 康德：《重提这个问题：人类是在不断朝着改善前进吗?》(*Se il genere umano sia in costante progresso verso il meglio*, 1798)，载于《历史与法哲学及政治著作集》(*Scritti politici e di filosofia della storia e del diritto*, Torino: Utet, 1965)，第 219–220, 225 页。(汉译参看康德：《历史理性批判文集》，何兆武译，北京：商务印书馆，1990，第 154–155, 159 页。——译注)

由就是唯一的天生权利。换句话说，自由是独立于别一意志所施加的任何压力的：自由即自治。

我的理论受到了康德这段非同寻常的论述的启示，因而主张从历史哲学的视角来看，目前日益广泛、热烈的关于人权的讨论——它已广泛到包括了世界上的所有的人，热烈到连最权威的各国际司法团体也把它提上议程——可以被阐释为人类道德进步的预示性特征（signum prognosticum）。

我不认为自己盲目信从人类的进步。在古典时代占据支配地位的是历史循环观和历史退步观。随着它们（康德称之为"恐怖主义的"历史观）的式微而不是完全消失，进步的历史观在最近几个世纪以来成了历史哲学的核心观念。说"没有完全消失"蕴含了这样一种思想：被认为过去某个时代的已彻底死去的思想却能不断重生，这本身就反驳了"无限的、不可逆的进步"观念。我不是不可抗拒的进步观的学说的支持者，同时也不是相反观点的学说的支持者。我觉得我能带有一定自信做出的唯一论断是，人类历史是模棱两可的，根据发问人的不同与其视角的不同，可以做不同的应答。尽管如此，我们仍无可避免地要问自己，人类的命运会怎样，就像我们不可避免地要问自己人类的起源是什么那样。我再次重申，我们只能通过检视历史事件所留下的象征来探寻人类的命运，就像康德在自问"人类是在不断朝着改善前进吗"之后所做的那样。

让我把下列事实说得更清楚一点：科学与技术的进步是一回事，道德的进步完全是另一回事。问题不在于要从事有关二者之间关系的长久论战。我只能克制自己做出这样的表述：当科学与技术的进步看上去确定无疑是事实的时候（因为到目前为止它已经显示出了持续性与不可逆转性这个双重特征),若要解决道德进步是否也是一个事实的问题,会更加困难,甚至可能有些冒险。之所以这样说,至少有两个原因:

(1)"道德"这一概念本身还是成问题的。

(2)即使我们就如何理解"道德"达成一致,还是没有人能够找出一把尺子来测量一个国家甚至是全人类的道德进步,然而,另一方面,科学与技术的进步显然是可以这样去测量的。

3. "道德"的概念是成问题的。此处,我绝非是想提出一种解决方案。我只能简单地说出我所认为的解决这一问题的最佳途径,说出能使人们理解这一问题的即使就学术效率而言也是最有效的方法,并且给这一通常被指为"道德良知"(不包括对世界的宗教认知,但此处我试图给出一个理性-伦理的回答)的极端模糊的概念赋予一定的意义。事实上,康德曾说有两件事情令他充满惊奇,即心中的道德律令与天空中满布的星辰,但惊奇不是解释,而且事实上它可能来自一种错觉,并转而产生其他错觉。由于欧洲形成过程中基督教教育的巨大(而不是说"独有的")影响,我们所称为"道德良知"的东西,是与对"人类发现自己处于世间的苦难、贫穷、匮乏以及一般痛苦等等状态"的认知的形成与增长联系在一起的,也是与难以忍受这种状态的感受联系在一起的。

就像我曾经讲过的,人类历史,对某个想要为其赋予"意义"的人来说,是模棱两可的,它包含善与恶的混合、混淆。而谁又能否定恶总是大过善,就像痛苦大于欢乐,不快大于快乐,以及死亡大于生存呢?我深知对真实状态的描述不能解释或证明它。对我自身来说，我可以毫不犹豫地说，神学上的解释与证明不能令我信服，而理性的解释与证明又都是片面的且经常是矛盾的，以至于你在不得不接受一个说法的同时必须拒绝另一种说法（但做出选择的理由又是武断的，因为每一种说法都有强大的论据来支撑）。尽管我无力提供一种令人信服的解释或证明，但我觉得自己有理由自信地断言人类历史的黑暗面远远大于其光明的一面（在自然史中尤其如此）。

然而我并不愿否认光明面确实偶尔出现，即便只是昙花一现。即使在今天，当人类历史的全部历程看上去受着死亡的威胁，仍然有些光明面存在：奴隶制度的废除，对死刑以及存在于许多国家中的实施死刑时的各种残酷折磨的禁止——即使是信仰最坚定的悲观主义者也不能视而不见。我愿意把各种运动、党派及政府在人权的宣称、认可及保护方面日益增长的兴趣，连同环保运动和反战运动一起，看作是人类历史光明一面的前沿。

力求向善，或者至少力求对恶的修正、牵制与破坏，是人类世界区别于动物世界的本质特征，它起自前文所提到的对于人类生存其中的苦难与不幸的认知以及逃离它们的需要。人类一直在试图战胜对制造痛苦的死亡的认知，或借助于使自身与所从属的、被认为是不朽的集体一体化的方式，或借助于对永生及转世再生的宗教信仰。人类改造其周围世界并减少其敌意的努力，最终落实于为使和平共存成为可能、为了让各个族群能够生存下去而制定的用于改善人际关系的行为规范，这就好像制造工具必须凭借科学技术一样。工具与行为规范形成了与"自然世界"相对的"文明世界"。

在霍布斯的"人与人是狼"（humo homini lupus）的理论看来，人们发现自己身处其中的世界——包括自然环境与他人的这个世界——充满了敌意，于是做出反应，去发明求生的技能以对付自然，去发明防御的技能以对付他人。防御的体系就由各种行为规范体系构成，它们通过惩罚来减少侵略的冲动，通过奖赏来鼓励协作的冲动和团结。

一开始，规范在本质上是必要的，不管是消极的还是积极的规范，它们的目的在于，通过诉诸今世或来世的处罚，建立起受欢迎的行为或避免不受欢迎的行为。此时我立即想到了《十诫》，这恰是大家最熟悉的例证。几个世纪里，它们一直是并且仍将是基督教世界里的基本道德律令，它们已经成为刻在人们心中的法律了，或者说它们已与人性融为一体了。但有人可能会引用从《汉谟拉比法典》到《十二铜表法》等数不清的其他例证。道德世界，就像此处我们所理解的那样，是伴随着命令与禁令的建构、强迫接受、施行而产生的。像迈诺斯（Minos）、莱喀古士（Lycurgus）以及梭伦（Solon）这样的伟大立法者，都是古典世界里的英雄。而对立法者的崇敬一直延续到卢梭，他曾说："敢于为一国人民创制的人——可以这样说——必须自己觉得有把握改变人性。"① 伟大的道德著作均是法律专著：从柏拉图的《法律篇》、西塞罗的《论法律》到孟德斯鸠的《论法的精神》。柏拉图著作的开篇就是，一个雅典人问道："告诉我，先生们，你们的法律是谁制定的呢？人还是神？"然

---

① 卢梭（J.-J. Rousseau）：《社会契约论》（*Contratto sociale*），第 2 卷第 7 章。（汉译参看何兆武译，北京：商务印书馆，1980，第 50 页。——译注）

后克吕尼亚斯回答说:"是神,先生,一位神。"① 西塞罗对自然法的贡献是"vetare et jubere":禁止与命令。尽管孟德斯鸠相信人类生来是要过社会生活的,但人们能够忘掉其他人的存在,所以"立法者们已通过政治法与民事法来使之尽其责任"。② 从以上征引中可以看出(当然还可以通过无数别的征引来支持),法律的主要功能是约束而非放任,是限制而非打开自由区,是让弯曲的树木变直,而非允许它狂野地生长。

用一个普通的比喻,人们可以说,权利与义务代表着同一枚硬币的两面。但哪一面是哪一面呢?这取决于你怎么来看它。好吧,道德的硬币,在传统上更多的是从代表责任的那一面来看的,而非从代表权利的那一面来看的。

原因不难理解,道德问题从来就是更多地从社会的角度而非从个人的角度来看待的。不可能有例外,因为行为规范被赋予的功能更多的是保护整个团体而非单个个体。"不应杀人"的诫命,其功能从来就不是为了保护群体中的单个成员,而更是为了去除一个会导致群体瓦解的根本性原因。最好的证明就是:这条诫命——它已无可争议地被视作道德的基石了——只对同一群体内部的每个成员有效,而不对其他群体有效。

让我们继续使用这个比喻,我想它足够清楚。为了把基于义务的法律彻底转变为基于权利的法律,同时也为了以单个个

---

①柏拉图(Platone):《法律篇》(*Leggi*),624a。
②孟德斯鸠(C. Montesquieu):《论法的精神》修订第 2 版第 1 卷(*Lo spirito delle leggi*, seconda edizione aggiornata, Torino: Utet, 1965, vol. I),第 58 页。

体的视角来看待道德问题,而不再只是从社会的视角出发,这枚硬币必须要被翻转过来。这就需要一场真正的哥白尼式的革命,这场革命,即便就其发生方式而言并非"革命",至少就其结果而言必定是革命。一场彻底的革命没有必要一定要采取革命的形式,它可以逐渐地发生。此处我是在康德的意义上谈论"革命"一词的,即将其视作是一种观察角度的倒转。

我曾使用另一种区分方式来说明这种翻转的性质,即便这种区分方式仅限于政治领域(政治也是一般道德的一个方面),这个区分即:典型的政治关系是统治者与被统治者之间的关系,是有权力将其决定强加在群体成员身上的人与服从这些决定的人之间的关系。现在,这种关系可以从统治者的视角来看,也可以从被统治者的视角来看,但几个世纪以来,前一种视角显然占有优势。政治的对象总是政府:好政府或者坏政府。换句话说,这关系到权力是怎样获得的,权力是怎样运行的,治安官被分配了什么职责,政府被分配了什么权力,这些权力是如何区分的,它们的相互关系如何,法律是如何被援引并强制执行的,战争是如何宣布的,和平是怎样达成的,大臣及大使是如何被任命的,等等。想想那些几个世纪以来用来描述政治艺术的真相的伟大比喻吧:牧羊人、舵手、驾驶战车的人、编织蓝图的人、医生。这些比喻都指向那些象征着操控地位的活动,即统治者为了带领大家充满信心地向着一个共同目标前进所必须要发挥的指导作用要求一种发号施令的手段,或者说,对一个涣散的整体所进行的组织工作,为了使之凝固且稳定,需要一只强有力的手。为了高效地处理一个病体,治疗手段有时候必须要坚决有力。

单个个体本质上是权力施加于其上的对象，至多是一个被动的主体。各种政治契约更多讲个体的义务而非他的权利，而他的基本义务就是遵纪守法。发号施令的权力，在与之构成相互关系的另一端，对应着政治义务。政治义务就是遵守法律的义务，这在公民那里被认为是极其重要的。即便他们意识到在这对关系中应该有一个积极的主体，那它也不是拥有自然权利以抗衡政府权力的单个个体，而毋宁是被视作整体的人民。在其中，作为权利所有者的个体消失无踪。

4. 大转折从西方的基督教生命概念开始，根据这一概念，所有人都是兄弟，因为大家都是上帝的子民。然而事实上，兄弟关系本身并无太大的道德价值。不管是《圣经》，还是意大利的世俗历史，都是以杀害同胞之罪开端的。真正将个人而非社会作为建立一种道德与权利的学说之起点的哲学学说是自然法学说。自然法学说在很多方面都可以被视为基督教伦理的世俗化，且这也确实是这一学说的创立者们的初衷［"假设上帝不存在"（etsi daremus non esse deum）］。对卢克莱修来说，自然状态下的人们"以野兽的方式（more ferarum）"生活，而在西塞罗看来，他们像野兽一样在田野中游荡（in agris bestiarum modo vagabantur）；对霍布斯来说，在自然状态中，人们还是像狼一样行动。人权立法的主要启蒙者洛克在论述自然状态的段落中是这样开始的："为了正确地了解政治权力，并追溯它的起源，我们必须考究人类原来自然地处在什么状态。那是一种完全自由的状态。在自然法的范围内，人们按照他们认为合适的办法，决定他们的行动，处理他们的财产和人身，而无须得到任何人的许可或听命于任何人的意志。"① 在洛克看来，人类最初并不像维柯所定义的那样存在着苦难、不幸以及对"动物状态"的谴责，而是一种自由的状态，虽然是在法的限制之内。

正是从洛克开始，人们才观察到自然法学说预设了一种关于社会的个人主义观念，进而是国家的个人主义观念，并以此来持续不断地反对那种更顽固且更古老的关于社会的观念，后者把社会看作是一个有机的整体，其重要性大于各个组成部分。

这种个人主义的观念在前进过程中遇到了困难，因为它通常被视作不统一、不和谐、破坏已有秩序的煽动者。引人注目的是，霍布斯把社会的个人主义起源（在自然状态中只有个体，他们之间没有纽带——每个人都封闭在自己的利益圈子里，而且他的利益与其他人的利益相冲突）同坚持将国家视作放大了的身体、"人造的身体"—— 它的灵魂就是君主，关节是大臣，神经是惩与赏，等等——的表述对立了起来。这种有机体的观念是如此的源远流长，以至于甚至就在那场断言个人相对于国家享有权利的法国大革命的前夜，埃德蒙·伯克还写道："个人如影而易逝，全体国民组成的共和体才是牢固和稳定的。"② 在大革命后的复辟时期，拉姆内指责个人主义破坏了"顺从与责任的观念，由此破坏了权力和法律"。然后他问道："那么，除

---

①洛克（J. Locke）：《政府论》下篇第 2 章（*Secondo trattato sul governo*, II）。（汉译参看《政府论》下篇，叶启芳、瞿菊农译，北京：商务印书馆，1987，第 5 页。——译注）

②埃德蒙·伯克（E. Burke）：《经济改革讲演》（*Speech on the Economic Reform*, 1780），载于《作品集》（*Works*, vol. II, London, 1906），第 357 页。

了由利益、激情以及形形色色的观念所构成的可怕混乱之外，还保留了什么呢？"①

在个人主义的观念看来，个体是第一位的，其次才是国家，而不是相反。应该强调的是，这意味着单个的个体有其内在价值。国家是为个体而建立的，而非个体为国家而存在，或者可引用1789年法国《人权宣言》著名的第二条来说，保护人们天生不可让渡的权利是"每个政治组织的目的"。对传统的个体与国家之间关系的颠倒，也包括了对传统的权利与义务之间关系的颠倒。现在，对个体而言，权利先于义务；对国家而言，则义务先于权利。国家存在的目的也发生了同样的颠倒。对于把国家看作一个有机体的观点而言，国家的目的在于西塞罗式的和谐（希腊语为omonoia）观念，或者说目的在于对抗使政治实体陷于分裂并最终灭亡的派系斗争；而对于个人主义来说，国家的目的在于使个体自由脱离外部条件的限制尽可能地实现发展。同样，就正义而言，在将国家视作有机体的观念看来，正义最恰当的定义是柏拉图式的——社会体中的每一部分各司其职；而个人主义的观念则将正义视为一种权利，即所有人都应该被这样对待——他们能够实现自己的目标，尤其是实现快乐这一典型的个人主义的目标。

今天，社会科学正被一股名为"**方法论的**个人主义"的趋

---

①F. R. 拉姆内（F. R. Lamennais）：《革命的进步与反教会的战争》（*Des progrès de la révolution et de la guerre contre l'église*, 1829），载于《全集》（*Œuvres complètes*, IX, Paris, 1836—1837），第17－18页。转引自卢克斯（S. Lukes）：《个人主义》（*Individualism*, Oxford: Blackwell, 1985），第3, 7页。

势所控制。根据这一趋势，社会研究一定要从研究个体的行为入手。此处不是评论这一趋势的局限性的地方，但至少存在两种形式的个人主义，没有它们，人权的视角将变得不可理解。一种是**本体论的**个人主义，它开始于这一前提，即每个个体相对于所有其他个体而言都是自治的，且享有同等的尊严（很难说这一前提更形而上学还是更神学）。另一种是**伦理学的**个人主义，认为每个个体都是道德的人。所有上述个人主义的三种转变联合起来给一个术语赋予了积极的内涵——而此前无论是对于革命的还是保守反动的思潮来说，这一术语本来都是消极的。个人主义是民主的哲学基础：一人一票。正因为如此，它一直以来都反对而且将继续反对那些将社会和历史视作一个整体的观念，不管这些观念出现在什么地方，因为这些观念对民主（被理解为一种政府形式，其中每个人都是自由的，且有权决定与自己相关的事情）抱有轻蔑之心。自由与权力就是从对那些基本的、不可让渡、不可侵犯的被称作"人权"的权利的认可中发展出来的。

我无法回避基于以下事实而提出的反对意见：将个体作为权利主体的认可并不非要等到自然法当中出现哥白尼式的革命才能成为可能。在古典时代，当法官们发展出罗马法时，将权利（ius）置于义务之先的优先地位，这就构成了罗马法的典型特征。就像每个人都可以亲身观察到的，这些权利起因于作为经济主体的个体、作为有权力与享有同样权力的经济主体进行物品交换的持有财产权的个体。我所指出的作为对人权认可的基础的转折点，发生在这一时刻：个人之间的经济关系被拓展为统治者与臣民之间的权力关系，同时也形成了作为宪法国家典型特征的所谓"主体公权利"。伴随着宪法国家的诞生，才完成了从统治者视角到公民视角的最终转变。在暴君统治的国家里，个体有义务而无权利。在专制国家里，相对于统治者而言，个体可以宣称其私权利。在宪法国家里，个体相对于国家而言，不仅享有私权利，还享有公权利。宪法国家是公民国家。

5. 人权学说，从它首次出现在17、18世纪的政治思想中以来，即使身处各种冲突、反对以及限制之中，还是取得了长足的进展。尽管其终极目标——由于这一目标是乌托邦式的——没有实现，但它已经经历了几个发展阶段，我们不太可能退回到它的以前的任何一个发展阶段之中。与我开头所说的固定化、一般化与国际化不同，近年新出现了一种趋势，可以称之为**具体化**，它包括一个向着更高级的对权利享有者的定义逐渐发生但日益显著的转变。以前发生在自由的抽象观念上的事情，也在权利享有者上面发生了：在一个从不间断的且仍在持续的过程中，自由的抽象观念已渐渐地分解为个体的具体自由（如信仰自由、思想自由、出版自由、集会自由、结社自由）。只要想想下列事实就足够了：为了防止外部世界通过复制与传播等手段构成侵害而对个人自己的肖像进行保护；或者，为了对抗公共团体强大的存储个人私生活信息的能力，而对隐私加以保护。同样，对于抽象的人而言，它最初的具体化是"公民"（此处"公民"一词是在这个意义上讲的：较一般化的人而言，"公民"被赋予了更进一步的权利），但现在已经产生了一种要求，要求具体地回应这一问题：什么人，哪种公民？

这种具体化不仅针对不同的性别、人生的不同阶段，还考虑到了正常与特殊的人的存在状态之间的不同。就性别而言，对男人与女人之间具体差别的认同正在日益增加。就不同的人生阶段而言，已渐渐将孩子的权利、老人的权利与那些处于工作适龄阶段的人的权利区分开来。就正常及特殊的生存状态而言，已经有人要求，要对病人、残疾人、精神病人等人群的特殊权利加以认可。

浏览一下近几十年来所通过的各种文件，可以证明这种革新的存在。举例来说，有 1959 年的《儿童权利宣言》、1967 年的《消除对妇女歧视宣言》、1971 年的《智力迟钝者权利宣言》。就老人的权利而言，1982 年 6 月 26 日至 8 月 6 日，在维也纳举行了世界会议，其议程中包括了这一问题：为保护数量日益增长的老年人的社会安全与经济安全而设计新国际规划。会议之后，形成了各种各样的文件。

超越我们自己的时代向前看，我们已经能够辨认出权利的发展方向：权利会拓展至后代子孙的生命权，他们的生命正在受到越来越多的呈指数比率增长的毁灭性武器的威胁；权利会拓展出新的主体，如动物，而目前的一般道德观总是将其视作客体，顶多是没有任何权利的消极主体。当然，所有这些新展望，都是我们开头所说的"预示性的人类历史"的一部分。这种预示性的人类历史，历史学家们拒绝承认，因为他们只允许自己做一些纯粹是臆测的预言，而拒绝那些不适合其工作性质的预言。

让我们从理想中的平原回到现实中来吧。谈论人权，包括新的与正在不断拓展的人权，以及用具有说服力的论据来论证它们，这是一回事；而要保证对它们的有效保护，则完全是另外一回事。单从这一点看,重复如下观察还是有价值的:随着对权利的需要逐渐猛增,它们的实现也变得越来越困难了。众所周知,保护社会权利比保护自由权利更难。我们同样也知道,对权利进行国际范围内的保护,更难于一国内部——尤其是一个宪政国家内部——的保护。人们可以发现无数的例证来说明在神圣的宣言与其实际履行之间、信誓旦旦的豪言壮语与其真正兑现的可悲状况之间的鲜明对比。考虑到目前关于人权的讨论日益激烈,而我曾经将其阐释为人类精神进步的一种象征,故而我在此处重申这种精神进步必须要用事实而非语言来衡量,想必不会造成不适。通往地狱之路反倒是以良好的意愿铺成的。

结论:一开始我陈述了,以历史哲学的方法来观察事物将提出历史的意义问题。但历史自身有意义么?我所说的"历史"是指历史学家们所描述的各种事件的序列。历史只是在每个时段拥有我们根据我们的希望与期待所赋予它的意义。因此,它不会只拥有唯一的意义。对我来说,当我思考人权问题时,看上去我可以窥见人类的道德进步了。但这是其唯一意义么?当我思考我们时代其他方面的问题——如威胁着正生活在这个星球上的生命的快得使人眼花缭乱的军备竞赛——之时,我将被迫去给出一个完全不同的阐释。

我从康德开始也将以康德结束。人类进步,对康德来说,并非必然,只是一种或然。他责备"政治家们"对于道德动机的美德与力量没有信仰,只是不停地重复:"世界会一直那样,就像到今天为止它所呈现的那样。"康德阐释道:通过采取这种态度,他们实现着他们自己关于历史的预言,即历史是惰性的、只是单调的重复。这样,他们巧妙地耽搁了他们本来可以确保向着一个更好的世界前进的途径。

　　就那些怀着良好意愿的人们的强烈愿望而言,我们已经耽误得太多了。别再因为我们的绝望、昏睡以及怀疑让这种耽延进一步增加了。我们再无可以浪费的时间了。

人权与社会

Diritti dell'uomo e società

在对人权进行的概括性讨论中,第一件事就是要区分理论与实践,或者说,从一开始就要认识到,理论与实践走的是两条不同的路,且二者行进的速度差异巨大。我所说的其实就是,最近几年学者、哲学家、法学家、社会学家、政治家之间关于人权问题的聚讼纷纭,远远超出了在为人权赢得认可与保护方面——也就是说,将高尚但模糊的强烈愿望与公正但微弱的需求转变为在法律上被确立的权利——所取得的成就。

头脑里装着上述两个不可混淆的层面的区分才可以讨论以下问题:二战后,人权的理论与实践(理论比实践更甚)实质上是沿着两个方向在发展,即普遍化与增殖。

此处我不准备讨论普遍化的问题,因为在我的观念里,一方面因为它与法律社会学的关系不大,另一方面则因为这个课题已在国际法的学说中被广泛地处理过了。国际法学说正确地将这一普遍化进程看作是一种深刻改造的起点。这种改造指的是,将"民权"(diritto delle genti)(它被这样称呼了几个世纪)改造为"个体权利",也即由于可能获准采取法律行动来反对自己的国家,单个个体正在经历着由单个国家的公民向世界公民的转变。

在此,我将关注第二种进程,即增殖过程,因为它更有助于我们对人权与社会之间的关系、人权的社会根源,以及社会变化与新权利、新事件之间的紧密联系做出省思。我想这些应该是这次法律社会学者的会议更感兴趣的问题——本次会议的专门任务就是要把法律当作一种社会现象来进行反思的。

毫无疑问，人权至少可以部分地算作社会现象。人权可以从哲学、法律、经济等视角去考察，当然也为社会学——更准确地说是法律社会学——的审视途径留有空间。

权利的理论与实践的这种增殖通过三种途径发生：（a）因为值得保护的权利项的数量增长了；（b）因为一些类型的权利已拓展至人类之外的一些实体上；（c）因为人类自身也已不再被视作一般实体或者说抽象的人，而是通过人们在社会中所处的特殊或具体的位置——如像孩子、老人、病人等——来看待。从根本上说，即单个个体拥有了更多的权利项、类别、"身份"。无须说明，这三项进程是相互依存的：对新的权利**主体**的认可，几乎总是包含着一个权利**客体**的增加。几乎也没有必要指出，人权这三种螺旋上升的增殖进程更加明晰了一点：每个人都一定指向一个特殊的社会背景。

第一种增殖进程已从宗教、思想、出版等等自由主义权利或所谓消极权利向政治权利、社会权利发展，后者需要国家的直接干预。第二种进程的发展则表现为，从将人类个体视作一个只呈现他自己的单独实体——换句话说即最初被认为是自然权利（或道德权利）所有者的"人"——扩展向不同于个体的实体，如家庭、种族和宗教的少数派群体或者全人类（这是道德哲学家们在最近讨论有关后代子孙的生存权时提出来的）。与孤立的人类个体或处于某个代表其利益的真实的或理想的团体中的人类个体不同，现在还出现了人类之外的物类，比如说动物。生态运动提出了自然界几乎与人类同等享有被尊重和不被剥削的权利，此处"尊重""剥削"二词的用法，恰恰就如同它们被传统地用来为人权做定义及辩解时的用法。

第三种增殖进程的运动趋势是，一般的人或本质上的人类，扩大为特殊的人或处于建立在各种区分标准基础上的不同社会**身份**的特殊性中的人。这些区分标准包括像性别、年龄、身体状况，等等，每一项标准都呈现为一项特定的区分，这种区分不允许相同的对待与相同的保护。妇女与男子不同，孩子与成人不同，处于工作适龄阶段的成人与老人不同，健康人与病人不同，急性病人与慢性病人不同，精神病人与其他病人不同，身体正常的人与残疾人不同，如此等等。只要回顾一下过去40年中连续不断制定的各种国际人权宪章就足以对这一现象有所认识。它们包括：1952年的《妇女政治权利公约》，1959年的《儿童权利宣言》，1971年的《精神残疾者权利宣言》，1975年的《残疾人权利宣言》，以及1982年在维也纳举行的第一届老年人权利世界大会，后者提出了一项行动计划，该计划凭借12月3日联合国大会的一项决议而获得通过。

当然，这种在身份特殊性方面发生的增殖主要发生在社会权利领域。消极的自由权利，即最早被认可、被保护的权利，是对抽象的人有效的。可以预见，它们最初是作为人（Uomo）的权利出现的。宗教自由一旦被确立就延及所有人，即使在最初阶段它未被授予某些教派或无神论者，但这类人也都是必须得到说明的一些例外。思想自由的情况与此相同。自由主义权利伴随着平等对待的原则一起发展。对自由主义权利来说，人人平等的原则是有根据的。在洛克的自然状态里（它给了人权宣言以伟大的灵感）所有人都是平等的。此处"平等"意谓在享有自由方面的平等，因此没有哪一个人比别人享有更多的自由。举例来说，这种类型的平等在《世界人权宣言》第一条中被正式宣布，表述如下："人人享有平等的自由权利"，"人人有权享有平等的自由"。这些准则所依据的原则与应该消除人与人之间、人群与人群之间差别的主张所依据的原则相同，就像我们在意大利宪法第三条中所读到的那样，在表述完所有人都拥有"平等的社会尊严"之后，特别强调了所有人"不分性别、种族、语言、宗教、政治观点、个人条件及社会状况，在法律面前"一律平等。同样的原则在《世界人权宣言》第二条第 1 款中体现得更为明确，它说："人人有资格享受本宣言所载的一切权利和自由，不分肤色、性别、语言、宗教、政治或其他见解、国籍或社会出身、财产、出生或其他身份等任何区别。"

自由主义权利的这种普遍适应性、缺乏区分，或者说在权利归属与享有上无差别对待的情况，不适用于社会权利，也并不真正适用于政治权利——在社会权利和政治权利的范围内看来，这些个体只是一般化的平等而非具体化的平等。在区分个体或区分群体方面，政治权利和社会权利仍有不同并且是本质的不同。几个世纪以来只有男人且并非所有的男人享有选举权。今天未成年人仍不享有选举权，而且他们也不太可能会在不久的将来获得这一权利。这说明对政治权利的主张与认可也只能承认这种差别，而这种差别则证明了不平等对待是有道理的。在社会权利的领域内，情况就更是如此了。只有在整体上或者修辞上，人们才可以说在工作、教育、健康三项基本社会权利方面人人平等。然而事实上只可以说，每个人在享有消极自由上是平等的。之所以不能那么说的原因在于，社会权利的属性必须要考虑具体的差别,这种具体差别对于区分一个人与另一个人——更精确地说,区分一个群体与另一个群体——来说非常重要。我刚才指出的意大利宪法第三条中的那一段说,所有公民不分个人条件、社会状况都是平等的,但对社会权利而言,这种表述并非事实,因为特定的个人条件与社会状况是与社会权利的分配密切相关的。就工作而言,有年龄及性别上的差别;就教育而言,有正常孩子与非正常孩子的差别;就健康而言,有处于工作适龄阶段的成人与老人的差别。

我并不想为得出一个终极结论而把这些讨论进行到底。我只是想证明平等与差别在重要性方面各有差别,取决于人们谈论的是自由主义权利还是社会权利。这也是为什么我前面提到的增殖现象在社会权利领域内比在自由主义权利领域内发生得更多的原因。因为通过对社会权利的认可,继抽象的人——即一种身份不确定的公民之后,又出现了其他的权利享有者,这种权利享有者对于自由主义权利的宣言来说是未知的,他们是妇女、儿童、老人、非常老的人、病人、精神病人,等等。

不必说大家也知道,除人权的增殖之外,对社会权利的承认造成了很多难题,而它们又是难以在我前面提到的"实践"范围内得到解决的。对这些社会权利的保护要求国家的积极介入(而自由主义权利则不然),并且已经出现了许多公共服务组织,也随之产生了一种新的国家形式——福利国家。自由主义权利源自限制过度的国家权力的要求,然而社会权利却是要求实践上的贯彻力。因此,从纯粹口头的宣言到实际的保护这一转变中,包含着国家权力的增加。"权力"一词根据其语境有积极、消极两种内涵,这就像其他的政治术语(包括"自由"一词）一样。权力的实施，根据其所处的历史环境以及看待这些环境的不同视角，可以被认作有益的或有害的。不能说自由的增加总是好事，权力的增加总是坏事。

我一直在强调人权的增殖是现阶段人权理论与实践发展中的一个特点，因为我认为，舍此则无更好的办法证明社会变化与人权理论和实践的变化之间的联系，也无法更好地阐明作为法律社会学家研究对象的人权最有趣、最有成效的一面。

我的出发点是雷纳多·特里夫斯（Renato Treves）对法律社会学的两项根本任务所做的区分。一项任务是对社会变革中法律所扮演的角色进行观察研究，它要研究具体人权的全部范围，这项任务可以总结为"社会中的法律"；另一项任务是去对法律条文在有关人权问题上对某给定社会的应用程度做出分析，这涉及法律在各独立国家内部及在一个整体的国际体系内的应用程度，这项任务可被总称为"法律中的社会"。两项任务均是备受关注的话题，且可以具体地适用于任何认可和保护人权的宪法。

我们之所以可以说法律社会学与人权问题有关的任务是一项将法律社会学从法律哲学、普通法律理论、法理学中分离出来的任务，确言之，其原因在于：人权的诞生及其在今日的发展是与社会转型紧密相连的。人权的增殖与社会发展之间的联系清楚地表明了这一点。因此，在一般层面上的社会学以及在特殊层面上的法律社会学特别有利于使我们理解这一问题。

人权学说源自自然法哲学。这套哲学基于自然状态理论，即在自然状态里，人权的数量很少，且都是基本权利。它常被用来证明，存在一些天然地属于独立于国家的人的权利，诸如生命权、生存权、财产权、自由权，等等。这里所谓的"自由权"相应地包括一些本质上消极的自由。康德的理论可以被视作对人权历史第一阶段的总结，这一阶段的顶点是那些由政府权力的掌握者因此是具有权威的人（cum imperio）而不再仅仅是由哲学家因此是没有权威的人（sine imperio）所作的第一批宣言。康德提出的理论是：处于自然状态中的人们只拥有一项权利，即"独立于其他意志所强加的所有束缚"的自由权利，因为这项权利涵盖了包括平等权在内的其他权利。

　　关于存在于国家出现之前，或对某些学者来说存在于社会出现之前的自然状态的假说，是为如下两种需求提供理性证明或合理化辩护的一种尝试：首先是在宗教战争期间广泛传播的、为反抗任何形式的强迫信仰而出现的良知对自由的需求；其次是在开始于英国革命，继而在美国革命、法国革命的时期内，为反对任何形式的专制统治而出现的对公民自由权的需求。自然状态是一种纯粹的理论性假设，它要为之提供证明的目标是：对自由的需求是人的天性中固有的一种权利，这种权利对那些当权者来说是不容侵犯的，对那些持有权利的人来说是不可转让的，并且是不可废弃的，而不用考虑曾经有一段时期它们曾被侵犯、转让过。对这些自由的需求产生于反对教会的教条主义与国家的独裁主义的斗争之中。对这些权利的需求产生于以培养了这些需求的冲突和运动为标志的现实之中。如果想要理解产生这些冲突与运动的原因，人们不能到关于自然状态的理论中去寻找，而必须到当时的社会现实以及这些冲突偶尔会引起的变化中去寻找。

　　既然来自下层的"呼吁对个人及群体施以更大保护"的需

求已大大增加，且还会继续增加下去，那么这种对"从理性的假说向着对现实社会及其历史的分析的转变"的需要就更加有意义了。这些需求大大超越了"由某某而来的自由"（della libertà da）以及"某某所享有的自由"（della libertà di），一个简单而原始的自然状态（人们生活在其中，只有少量的基本需要）的抽象理论要证明这些需求的合法性将毫无说服力，因此在理论与实践上也毫无用处。这些权利的清单正在持续增加，这一事实不仅证明了自然状态的原始基础不再貌似有理了，而且也将让我们意识到导致这些需求的社会关系一定也同样复杂，那些所谓的基本权利——像生命权、自由权、财产权——对于这新社会中的生命与生存来说已不足敷用。

毋庸置疑，没有哪一种现代权利宪章不认可教育的权利，但它是随着社会的发展而逐渐拓宽的：最初是初级教育，然后是中学教育，渐渐地也有了大学教育。据我所知，没有哪一种关于自然状态的著名表述提到过这一权利。事实上，这一权利在自然状态中并未出现，因为在自然法学说被构想出来的时代，社会上还没有出现这一权利。当时那个社会中出现的对当权者提出的基本需求主要是对来自教会与国家的自由的需求，而远非像教育问题这样的权益，对这一权益的需求只能在一个经济与社会更加发达的社会里才会被提出。这些基本需求的初衷是限制那些沉重的压迫力量，所以关于前国家状态，或者说一种从压迫个人的力量（像教会、政府）下解放出来的状态的理论，完全对应着有关"将教会与政府的管辖权减至最低"与"扩大个人自由的领域"的论争。相反，关于"人是政治动物"的理论（可以追溯到亚里士多德）曾在几个世纪里被用来证明父权制国家的合理性，这类父权制国家也包括其最粗暴的形式——专制国家，在其中，个人不拥有任何自然权利，因为他就像一个孩子，没有能力使用权利去获得公共利益，甚至是私利。洛克的直接对手是那些父权制国家最顽固的支持者，同样，那些支持将自由权利视作基本权利的人也是父权制（一种将其臣民视作永远的未成年人的政府形式）最明显的对手，这一点绝非巧合。

社会变化与自由主义权利的诞生之间的关系不太明显，这可能已支持了以下理论：对公民自由的需求是建立在自然权利的基础上的，且这自然权利是独立于任何历史考量之外而为人所固有的。然而，社会权利的诞生与增长与社会转型之间的关系却是非常明显的。证据就是：随着社会的变革越来越快、越来越深刻，社会权利的需求就越来越多。人们应该还记得，呼吁政府进行公开干预并制定社会服务规定的需求只能在经济与科技发展到一定水平时才能被满足，而且理论本身也因新需求的出现而受到影响，而这些新需求在这些变化与改革没有发生以前则是不可预测、不能实现的。这就进一步证实了这些权利的社会属性及其非自然属性。

一个非常典型的例子是：对老年人给予更多保护的需求，如果没有老人数量的增加以及寿命的延长就不会发生，而这两个因素就是社会关系变化与医学发展的结果。再来看，现在兴起了一些保护生态的运动，以及对于加强自然保护的需求，其中包含禁止滥用或不正确地使用人类所必需的自然资源。不但如此，因为思想与图像的传播分配方式的技术革新，可能会导致思想或图像被滥用，因此，甚至在自由主义权利的范围内也正发生着变化与拓展。这在传播技术还是难题或者不可能做到的时候，是令人难以置信的。这意味着，在社会变化与基础权利的理论和实践之间一直存在着联系，社会权利的出现只是让这种联系更加明显了，明显得不能再被忽视了。在一个只有有产者才拥有积极公民权的社会里，财产权被提高到基础权利的地位是一个可以预知的结论，就像在发生了第一次工业革命的国家里，一旦工人运动登上历史舞台，工作权就会被作为基础权利一样。当代各种权利宣言所普遍承认的将工作权设为基础权利的需求，与当初将财产权设为自然权利的需求拥有同样的好理由。这些好的理由都植根于权力关系的性质之中，而这些权力关系统治着产生这些关系的社会，因此，这些理由也都植根于那些社会具体的、历史地被决定了的性质之中。

与另一基础问题——即法律条文的应用——相关的法律社会学家的任务非常艰巨，且更加重要。这一现象被称作"贯彻落实"（implementation）。人的权利——或者更确切地说，主张、认可、规定并分配人权的各种规定——的领域，当然是这样一个领域：在其中，规定与其实际应用之间存在着巨大的差异。在社会权利的领域，情况尤其如此。因此，在意大利宪法中，涉及社会权利的各种规定，被审慎地称作"纲领性的"。我们是否曾问过自己：不 hic et nunc（在此时此地）令行禁止、批准认可而是在某个遥遥无期的未来发号施令、使禁止或认可生效的那些法律是些什么样的法律呢？最重要的是：我们是否追问过这些法律规定了哪些类型的权利呢？如果一种东西，其认可及有效保护被 sine die（无限期地）延迟并依赖于某些人的承诺，而这些人执行计划的唯一义务只是道义上或至多是政治上的，那我们是否还可以正确地称之为一种权利呢？自封的权利与名副其实的权利之间的差异非常巨大，以至于用同一个词来指称二者必定犯错或至少于事无益——难道不是吗？撇开其他事情不说，有关人权的绝大多数规定，如各国际团体所发布的那些规定，连国家宪法中涉及社会权利时所做的纲领性规定都还算不上，或者说，要等到它们被每个国家认可后才能成为纲领性规定。埃文（Evan）教授对认可两个国际人权公约的联合国成员国的数量进行了调查研究，其结果中更具有指导意义的一点是：研究表明，只有五分之二的国家已经认可了两个公约，而且在第一、第二与第三世界国家之间存在着巨大的差异。当权利宪章还仅仅停留在主张它们的国际体系的范围内时，它们更多的是良好意愿的表达，而远非严格意义上的权利宪章——至多可以被视作指向未被定义的、不确定的未来的一个大概的行动计划，除了各成员国的良好意愿以外，没有针对其实施的严肃保障；除了国际舆论以及像国际特赦组织那样的非政府机构所施加的压力以外，也没有其他支持。

此处并不适合着手处理"权利"一词的各种含义的问题及其他相关争论，这些争论大都是肤浅的，但却在有关人权的严肃讨论中不可避免。人们进入这一问题的方式无论是通过自然权利与积极权利之间的经典区别，还是通过在盎格鲁－撒克逊哲学中更常用的对道德权利（moral rights）与法律权利（legal rights）之间的区别，他们都会立即发现"权利"一词的含义在前后两个术语中的改变。问题在于：不仅在第二个术语中，而且就算在第一个术语中，"权利"一词的用法是否恰当？我谈谈我的想法。我们必须考虑到：在一些人看来，"权利"指称的是一些要求，它们呼唤着充其量在未来才可实现的权利，这意味着"权利"不断地创造着各种期望，而在那些根据"期望被保护因而就可满足"这一现行"权利"意义来使用"权利"一词的人看来，前一种期望是永远实现不了的。

出于谨慎，在我的报告中，当我意指那些本质上还没有被认可的权利，因此只可以算作是对未来（积极）权利的强烈愿望时，哪怕它已被貌似有理的论据所证明，我也总是使用"要求"（richieste）一词，而不使用"权利"（diritti）一词。我也会使用"主张"（pretesa）这个词，它是法律术语，且经常被用于有关人权的性质的讨论中，但在我的观念里，这个词还是太强烈了。当然，我毫不反对用"权利"一词去形容对未来权利的要求，只要人们能避免把两者混淆起来：其中一个，不管说得多动听，只是要求对一个好的事物进行未来的保护；而另一个则是对这一事物的实际保护，你可以通过诉诸法院（它被授权使受委屈的一方获得补偿，有时还会惩罚罪恶的一方）而获得它。我愿向那些不愿放弃使用"权利"一词来形容对未来保护的合理要求的人们建议，他们应该区别开较弱意义上的权利与较强意义上的权利。

"权利"是一个道义概念但也是一个法律规范术语，换言之，是处理各种行为规范的语言的一部分。不管是在强的还是弱的意义上，一项权利的存在，总是暗示着一个规范体系的存在，此处"存在"（esistenza）一词既可被相应地阐释为"历史权利或当前权利的纯粹外部现实性"，也可被阐释为"对作为个人行为指导的一套规范的认可"。权利概念有一个与之相关的"义务"概念。就像是不可能存在没有儿子的父亲，也不会存在没有义务的权利；反之亦然。认为存在着没有相应权利的义务——如宽厚仁慈的义务——的古老观念源于它不能将受益人当做权利享有者。宽厚仁慈的义务恰恰是对上帝或对自己的良心所尽的义务，而在施予者看来，上帝与自己的良心是真正的权利享有者，却非受益人。人们只可以在道德规范体系内谈论道德权利，在其中，根据各种各样的道德理论，责任的原因不是由强力所支撑的权威，而是上帝、自己的良心或社会压力。我们要谈论自然权利，也只能假定——就像自然法的支持者所做的那样——自然法系统（像所有的法律一样，它也分派权利与责任）可以通过对人性的观察、通过自然法则被演绎出来，就如积极权利能通过对积极法律的法典研究而得出一样（积极法律的基础就是能强力推行该法律要求的权威）。道德义务、自然义务、积极义务以及相对义务分属不同的规范体系。像义务、权利这样的术语，必须置于一种规范的语境中才有意义，而无论这种语境的性质是什么样的。但相对积极权利而言，自然权利只是由历史的和理性的讨论所激发出的、为了被纳入一种有效的法律体系而提出的一些要求。从一种法律体系的视角来看，所谓的道德权利与自然权利，完全不是权利的正确提法，它们只是一些要求，而这些要求可以在一种新的规范体系（其特点是，采取一种不同的方式来保护权利）中被构建并转变为权利。从一套法律规范到另一套法律规范的转变，也是由社会环境来决定的，且绝非预先决定的。

自然法的拥护者们将提出反对理由说：存在绝对的自然权利与道德权利，因而它们在所有其他历史时期的积极规范系统中也是权利。但是，这样一种表述将会被如下理由所反驳：首先是，人们提出的自然与道德规范的多样性；其次是，在习惯用法中，当某种学说提出了一些要求和主张，它们即便为多数舆论乃至权威意见所认可，但在未被一套积极法律系统所批准通过之前，这些要求和主张中的大部分仍不会被接受为"权利"。例如，在妇女在不同的法律系统中获得选举权之前，人们能否正确地谈论妇女选举权是自然权利或道德权利呢？这一问题是有争议的，因为不认可这一权利的理由既是自然的（女人不是自然地独立的），又是道德的（女人太感情用事，不能表达必须理性地加以讨论的法律方面的观点）。在这一权利被认可以前，对那些真心实意的反对意见来说，这一权利是否存在是值得怀疑的。当没有法律上的认可时，对那些真心实意的反对意见来说，断定一种自然权利或道德权利有什么意义呢？只是说有很好的理由来批准这些要求，难道不够吗？在妇女有权流产这一强烈愿望被接受并被民法认可之前，很难看出主张这一权利有何意义。而它之所以被认可，是基于部分地由历史和社会所决定的因素，如工作女性的数量的增加，以及人口过多给人类带来的危险，等等，——因此，这些因素并不是拥有绝对效力的。

类似的例子不胜枚举。这个论题在关系到人权问题时尤其重要。人权已经历了一种历史的转变，从一个弱意义上的权利体系（在其中人权是自然规范与道德规范的一部分），转变成为一个强意义上的、就像民族国家内部的法律体系一样的权利体系。今天，在各种国际权利宪章中，我们从一个强体系，即非专制的民族国家的强体系转向了一个弱一些的国际体系，在其中，被宣布的权利几乎只是依赖于社会压力才会生效，就像在道德规范领域内经常发生的那样，而且这些权利被再三侵犯而无人被追责——除了道德上的谴责以外也没有其他的应对办法。这一国际体系要想从较弱意义上的权利体系转变为较强意义上的权利体系，还缺乏一些必要的条件：（a）对于由国际团体和机构颁布的宣言中所包含的主张与要求的认可和保护，应被视作获得成员国身份的必要条件；（b）要有一个普遍的国际权威，它强大到足以防止或压制对已宣布权利的侵犯。

我最初是为一个法律社会学会议写这篇文章的。法律社会学家们在其职业生涯中能观察到法律体系与社会体系之间的内在关系，因此这是个绝佳的场合，可以在这里指责"权利"一词在国际社会关于这项或那项人权的宣言中的滥用或误导性的用法。如果参加这次会议的是些政客、外交官、法官和一般的专家，那么会议必定会有某种伪善的因素，这些参会者也无法忽略这一事实，即这里所讨论的东西纯粹只是对未来立法所做的建议与方针。他们心里清楚，会议结束时所宣布的宪章并非真如18世纪末以来引入国家宪法之中的那些真正的权利宪章，也不会是什么"权利法案"——人权初次登上历史舞台时使用的就是这一表述。相反，它们只是与在不太遥远的将来要成为或应该成为权利的东西有关的一堆材料，到那时，每个国家都将认可它们，或者是国际体系已经建立起一套机构和必要的权力，在这些权利受到侵犯时可以强制执行。权利是一回事，对权利的许诺是另一回事。现行的权利是一回事，潜在的权利又是另一回事。拥有一项现存的已被认可并被保护的权利，与拥有一项应该存在的权利，是非常不同的。后者必须经历一次从专家组讨论的事物到立法机构所做的决定的转变，而为了完成从"应然存在"到"实际存在"的飞跃,这一立法机构则需具备某些强制权力。

开始时我就断言:在广泛传播的有关人权的理论讨论与个体国家及国际系统实际保护人权所存在的局限之间存在着巨大的裂隙。这一空间只能靠政治强制力来填充。法律社会学家较之于法律学科中的其他学者更有利于揭示这一裂隙、解释其原因,并进而努力缩小这一裂隙。

第二部分

Parte seconda

法国大革命与人权

La Rivoluzione francese e i diritti dell'uomo

1789年8月26日,《人权与公民权宣言》(以下简称《人权宣言》)在国民大会上获得通过。围绕它,大会有过两个阶段的讨论。从8月4日起,讨论集中在:是否应该在宪法公布之前先通过一份关于权利的宣言。大会驳斥了三种人:认为权利宣言无用的人;认为它有用但要推迟宣言的人;认为它只有与责任宣言同时宣布才有用的人。最终,与会成员几乎一致赞成要通过一份权利宣言。根据一位深受卢梭影响的成员的说法,这意味着,《人权宣言》是整个民族的行动。与会者决定立即发表一份宣言,然后再讨论宪法的问题。从8月20日到26日,《人权宣言》由国民大会定稿并获通过。

当时的评论家以及后世的历史学家认为,《人权宣言》的通过是具有历史决定意义的事件之一。这些事件标志着,至少是象征性地标志着,一个时代的结束与下一个时代的开始,因此被看作人类历史的拐点。乔治斯·勒费弗尔,一位研究大革命的卓越历史学家写道:"通过宣扬自由、平等和人民主权,《人权宣言》标志着被大革命所摧毁的旧制度在官方意义上的退位。"① 在

---

① 乔治斯·勒费弗尔(Georges Lefebvre):《法国大革命》(*La rivoluzione francese*, trad. P. Serini, Torino: Einaudi, 1958),第162页。健在的最伟大的法国大革命史学家之一弗朗索瓦·富勒(François Furet)指出"对1789年的关切从法国政治中消失了",他随后也承认这是因为,现有争论从

19世纪的历史学家们留给我们的浩如烟海的此类文献中，我准备引用托克维尔的话，这位政论家首次提出大革命如何看待自身的问题。针对1789年的初期，他这样描述道："这是一个青春热情、大胆豪迈、慷慨真诚的时代。尽管它犯下了各种错误，但人们会永远怀念它。而且在一段时间内，它将使那些妄图奴役和侵害他人的人不得安眠。"①

令人奇怪的是，同样是"热情"一词（一个为理性主义者伏尔泰所痛恨的词②），也被康德所使用。尽管谴责弑君者的暴

有关大革命历史转向了大革命的未来，所以法国革命不仅意味着共和国，而且是对平等的不可限量的许诺，我们只有看到普遍历史的某种基质——而非某种国家制度——才能恢复大革命的魅力。见《法国大革命批判》（*Critica della rivoluzione francese*, Bari: Laterza, 1980），第9页。

①托克维尔（A. de Tocqueville）:《旧制度与大革命》（*L'ancien régime et la révolution*），载于《全集》第2卷（*Œuvres complètes*, Tome II, Paris, 1952），第72页，意大利文版《政治著作》第1卷（*Scritti politici*, a cura di N. Matteucci, vol. I, Torino: Utet, 1969），第598页。

②可读一读《哲学词典》（*Dictionnaire philosophique*）的"宗教狂热"（*Enthousiasme*）词条，在那里，热情与理性形成对比，因为，理性证明事物的实质，而热情就像葡萄酒，"qui peut exciter tant de tumultes dans les vaisseaux sanguins et de si violentes vibrations dans les nerfs, que la raison en est tout-à-fait détruite"（让血脉贲张，让神经紊乱，使理性遭到毁灭）。但在伏尔泰之前，洛克也在《人类理解论》第19卷第4章（*Saggio sulla intelligenza umana*, IV, 19）对宗教狂热进行过批评。"热情"的概念史的发展起伏不定，但只需要参考已重印数次的《哲学辞典》（*Dizionario di filosofia*, Torino: Utet, 1961）一书中阿巴尼亚诺（N. Abbagnano）所撰写的"热情"（*Entusiasmo*）这一词条就足够了。

行,康德还是写道:这场"天才的人民所发起的革命",尽管造成了大量的"不幸与罪恶",然而,它还是引起"一种近乎热情的意气相投",这种意气相投只会因"人类的道德气质"而产生。他先将"热情"定义为"满怀激情地参与好的事情",然后立即解释道:"真正的热情总是在朝着理想的东西,尤其是真正纯粹道德的东西前进的",而导致热情产生的道德原因,乃是一个民族建立一部自认为好的宪法的"权利"不能被其他强制力量所禁止。① 这样,康德将他在大革命中发现的积极方面与一个民族自己决定命运的权利直接联系了起来。根据康德的说法,这一权利在法国大革命中被初步揭示出来了。这种权利是自由的权利,而这里的自由涉及两个主要意涵,一个是自决、自治以及通过立法来规范自己,另一个意涵则是反对一切形式的家长制、族长制权力——传统的专制整体是这类权力的典型代表。在《永久和平论》的一段中,康德为自由做了如下定义:"我的对外的或合法的自由倒不如这样来定义:它乃是,除了我能予

---

①康德:《重提这个问题:人类是在不断朝着改善前进吗?》(*Se il genere umano sia in costante progresso verso il meglio*, 1798),载于《历史与法哲学及政治著作集》(以下简称《政治著作集》)(*Scritti politici e di filosofia della storia e del diritto*, trad. di G. Solari e G. Vidari, Torino: Utet, 1956),第219页。有关康德与一般革命及法国大革命间关系的系统梳理,请参看我的专著《权利及其在康德思想中的位置》(*Diritto e stato nel pensiero di Emanuele Kant*, Torino: Giappichelli, 1969) 第255页以下。有关法国大革命对康德思想的影响的系统分析和原创性阐释,请参看洛苏尔多(D. Losurdo) 的《康德政治思想中的自治及妥协》(*Autocensura e compromesso nel pensiero politico di Kant*, Napoli: Bibliopolis, 1983)。

以同意的法律之外，不必服从任何外界法律的权限。"① 这一定义清晰地显现出卢梭的影响，卢梭曾说过：遵守我们为自己所制定的法律就是自由②。

尽管黑格尔不赞同康德的抽象理想主义，而且他代表了德国人的傲慢自负，认为德国不需要大革命，因为他们已经有过改革了，但当他在历史哲学课上谈到法国大革命时，他还是掩饰不住钦佩之情，而且他还曾谈及"精神的热情"（*Enthusiasmus des Geistes*），它撼动了世界并迅速传遍了世界，"就像天人之间获得了真正的和解"③。他称之为"一道绚丽的曙光"，让"所有会思想的造物一致欢庆新时代的到来"。这个比喻表达了他确信大革命引领了一个新的历史时代，而且他曾明确表示，在他的观念里，《人权宣言》的全部政治目的在于保障天生的权利，首先是自

---

① 康德：《永久和平论》（*Per la pace perpetua*, 1795），载于《政治著作集》，前引，第152页。有关康德的自由理论，请参看我的《康德与两种自由》（*Kant e le due libertà*），载于《从霍布斯到康德》（N. Bobbio, *Da Hobbes a Kant*, Napoli: Morano, 1965），第147 – 163 页。

② 卢梭：《社会契约论》，第1卷第8章。

③ 这些广为人知的表述，可以在《历史哲学讲演录》（*Lezioni sulla filosofia della storia*）的最后一章中找到，该章的标题为"法国革命及其后果"（*La rivoluzione francese e le sue conseguenze*）。参看里特尔（J. Ritter）的著名论文《黑格尔与法国大革命》（*Hegel und die französische Revolution*, 1956），载于《形而上学与政治：亚里士多德与黑格尔研究》（*Metaphysik und Politik. Studien zu Aristoteles und Hegel*, Frankfurt am Main: Suhrkamp, 1969）第183 – 233 页。此文被加上一篇导言，载于《黑格尔与法国大革命》（G. Calabrò, *Hegel e la rivoluzione francese*, Napoli: Guida, 1970），也可参看 R. 拉辛拉诺（R. Racinaro）的《黑格尔那里的革命与市民社会》（*Rivoluzione e società civile in Hegel*, Napoli: Guida, 1972）。

由，随后是法律面前人人平等，而这第二点也是由自由引申出来的。

第一个为大革命作全面辩护的是托马斯·潘恩的《人的权利》一书。该书由两个部分组成，分别于1791年与1792年面世，既从历史角度引经据典，又从哲学角度进行辩论。①《人的权利》实际上是为反驳埃德蒙·伯克而写的一本宣传册。伯克替英国宪法辩护，从一开始就恶毒攻击法国大革命。他曾这样谈论人权："我们并没有被挖空，被在里面塞上些毫无价值的关于人权的肮脏的废纸，就像博物馆里填充了谷壳和破布的那些鸟类标本一样。"② 对伯克来说，像畏惧上帝、尊敬国王、拥护国会等等观念才是自然的，而非常不自然的、实质上是"虚假和谬误"的观念则是那些"企图腐蚀我们的思想，败坏我们的原始道德，使我们无法适合理性的自由；它们（**他明显是指那些天赋权利**）通过向我们灌输奴性而又放肆无节制的傲慢而使我们得意忘形于一时，使我们终生适合于只作理所当然的奴隶"③。他解释说，英国人喜爱更为天然的观念，即使是一些偏见："我们怕的是每个人只是依靠自己个人的理性储存而生活与交流，因为我们认为这种每个个人的储存是微少的，如果他们利用各个民族

---

①现有马格利译本潘恩《人的权利》（Thomas Paine, *I diritti dell'uomo*, a cura di T. Magri, Roma: Editori Riuniti, 1978）。

②伯克：《法国革命论》（Edmund Burke, *Reflections on the Revolution in France*, 1790），这里的引文引自马尔泰隆尼的意大利文译本（A. Martelloni, Torino: Utet, 1963），第256页。近期有关《法国革命论》特别值得注意的著作有塔马尼尼（G. Tamagnini）：《不平等的自然法：埃德蒙·伯克研究》（*Un giusnaturalismo ineguale. Studio su Edmund Burke*, Milano: Giuffrè, 1988）。

③伯克：《法国革命论》，第257页。

和各个时代的总的库存和资产的话,他们就会做得更好。"①

潘恩对人权的辩护是以宗教为基础的,这在当时确实也别无选择。在他的观念中,人权的基础一定不能建立在历史内部,就像伯克所做的那样,而应该超越历史,追溯到人类刚刚被造物之手捏塑出来的那一刻。因为历史只能证明我们的错误,而我们必须要避免那些错误。第一步工作只能是重申被历史所割裂的人类整体,只有这样,人类才能意识到,在拥有历史地产生的公民权利之前,他们早就拥有天赋的权利,而这就是各种公民权利的基础。他解释道:"天赋权利隶属于享有生存权的人。所有智力的权利,或者说思想的权利,以及在不侵害别人的天赋权利的前提下作为个体为争取自己的舒适、幸福而行动的权利,都属于这一类型的权利。"② 他将政府分为三

---

①伯克:《法国革命论》,第 257 页。
②潘恩:《人的权利》,前引,第 145 页。潘恩以这种方式解释了天赋权利向公民权利的转化:因为人的力量限制他无法保留其所有的天赋权利,因而必须放弃那些只有结成一种共同力量才能保有的权利。用潘恩自己的话说:"人所不能保留的天赋权利就是那些尽管个人应该具有,但却缺乏行使它们的能力的权利。"(第 146 页)这一段明显具有洛克式精神,在洛克看来,从自然状态向文明社会的转变是通过个体或自愿或被迫地放弃一些天赋权利来实现的。这种放弃可大可小,在洛克模式中极其有限,人们必须放弃它才能进入文明社会的唯一天赋权利是自我保护的权利。同样,潘恩指出了自然状态中的人有判断的能力之后,随即意识到个人不可能独自使这种判断能力得到加强,"但是如若他不具备矫正的能力,那么光判断自己的事务又有什么用呢? 所以他把这种权利存入社会的公股中,并且作为社会的一分子,和社会携手合作,并使社会的权利处于优先地位,在他自身的权利之上"(第 146 页)。

种类型：建立在迷信之上的教权政府；建立在强力之上的征服者政府；建立在共同利益之上的政府，他称之为理性政府。

在去法国之前，潘恩已通过撰写各种著作，尤其是发表于1776年的《常识》一书，积极参与了美国革命。在《常识》中，即便讨论的是关于英国的话题，他还是猛烈地攻击了皇室权威，并肯定了美国争取独立的权利。他的辩论如此典型地代表着纯粹的自由主义思想，无疑标志着将社会从政治权力下解放出来的时代已经到来了。因为当社会已成为上帝的赐福，则政府——像我们用来遮羞的衣服一样——就仅仅是我们已失去的单纯无知的象征了。①

通过他的行动和他的著作，潘恩代表了两场革命之间的连接部分。他确信，后一场革命是前一场革命的发展，而且是美国革命打开了欧洲革命的大门。因为它们的指导原则是一致的，都建立在自然法的基础上。它们追求同样的目标：一个建立在社会契约之上的政府，一个其政府永远拒绝世袭法律的共和国，一个其政府为全体人民的服务的民主政体。

这两场革命之间的关系，事实上更为复杂，在过去的两个世纪中，持续不断地被回顾、被讨论。主要有两个问题：一是

---

① 《常识》（*Common sense*, 1776）一开始，潘恩就热切地表达了一个主题：把好社会与坏政府对立起来，这也构成了"最小限度的国家模式"（stato minimo）的本质的方面："社会是由我们的欲望所产生的，政府是由我们的邪恶所产生的；前者使我们一体同心，从而积极地增进我们的幸福，后者制止我们的恶行，从而消极地增进我们的幸福。"此处引文引自编入一卷《人的权利》（前引）的《常识》，第69页。

前一场革命对后一场革命产生了什么影响,且该影响具有多大程度的决定性;二是哪一场革命,就其自身而言,承载了更多的政治意义或伦理意义。关于第一个问题,当 19 世纪末耶里内克(Jellinek)在其名著中①否定了法国《人权宣言》的原创性时,讨论变得异常激烈起来,引起了一些人——他们认为二者的相似性应归因于共同的灵感之源,而且当时法国立宪国民大会的成员们对于美国的各种权利法案几乎一无所知——的强烈回应。然而,在精细的考察中,二者之间一些原则上的差异变得明显了:在 1789 年的《人权宣言》中,"幸福"(felicità)一词并未作为要实现的目标之一而出现("每个人的幸福"这一表述只出现在序言中),也就是说"幸福"并非《人权宣言》的关键词,而在各种美国宪章中,"幸福"却作为关键词出现。像法国人所熟悉的弗吉尼亚州《权利法案》(1776),其中宣称某些内在固有的权利受法律保护,因为这些权利允许人们追求"幸福"与"安全"(sicurezza)。启蒙思想家们讨论了"幸福"由什么组成以及幸福与公益(bene pubblico)之间的关系问题,但是随着自由立宪国家逐渐开始成形,"保障国民的幸福是国家的任务"这一想法却被完全抛弃了。在这一点上,依然是康德做出了最为清晰且最具启发性的表述。为了保护真正的自由国家,其目的在于允许每个人的自由在理性的普遍规律的基础上得

---

① 这部著作是《人权与公民权利宣言》(*Die Erklärung der Menschen - und Bürgerrecht*, 1896),此著引发了广泛的争论。参看勒费弗尔:《法国大革命》,前引,第 758 页。实际上,美国革命的文本已经因拉法耶特(La Fayette)而广为人知。

以表达，康德抵制幸福论者的国家，因为它虽然为自己设定了使国民幸福的任务，但却声称，其唯一任务是给予国民以自己认为适合的方式去追求幸福的自由。①

其次，相较于美国的《权利法案》，法国的《人权宣言》有着更坚定的个人主义倾向。因为下文我们还要论及这一点，

---

①我从康德大量文本中选取了一段引文来说明他对父权制国家的厌恶，因为这段文字是很明白清晰的："一个政权可以建立在对人民仁爱的原则上，像是父亲对自己的孩子那样，这就是父权政治（imperium paternale）。因此臣民在这里就像是不成熟的孩子，他们不能区别什么是对自己真正有利或有害，他们的态度不得不是纯消极的，从而他们应该怎样才会幸福便仅仅有待国家领袖的判断"，见《论通常的说法：这在理论上可能是正确的，但在实践上是行不通的》（Sopra il detto comune, Questo può essere giusto in teoria ma non vale per la pratica, 1973，载于《政治著作集》，前引，第 255 页）。有关这一论题的基础性著作是 G. J. 肖赫特（G. J. Schochet）的《政治思想中的家长制》（Patriarchalism in Political Thought, Oxford: Oxford University Press, 1975），以及同一作者的论文《家长制、自然主义以及保守国家的兴起》（Patriarchalism, Naturalism and the Rise of the Conventional State），载于《法律文化史资料》（Materiali per una storia della cultura giuridica）XIV, 1984，第 2 期，第 223 - 237 页。在著作的结尾，作者写道："家庭从盎格鲁－撒克逊政治思想中消失有二百多年了，这无疑与所谓公共与私人之间成功地实现了严格的、大抵是自由主义的分离是有关系的，由于这种分离，包括家庭在内的私人领域从公共讨论中被排除了。"（第 335 页）另参看戴乔蒂（E. Diciotti）的《家长制》（Paternalismo），载于《法律文化史资料》，XVI, 1986，第 2 期，第 557 - 586 页，作者引述 R. 德沃金（R. Dworkin）颇有康德意味的家长制定义："在我看来，家长制或多或少意味着对人的行动自由的干涉，这种干涉之所以被合理化，是因为它被说成是为了被干涉者的福利、幸福、需要、利益着想的。"（第 560 页）

所以在此处就没有必要强调：作为两大宣言基础的"社会"概念，在接下来的世纪中，几乎总是带着否定的意味被称作"个人主义的"。"单独的个体"（individuo isolato），即尽管与其他每个人一道，但对他自己来说，是独立于其他每个人的，这一概念与流传了几个世纪的观念相反——原来的观念是：人是一种政治动物，因此从人类诞生伊始，人就是一种社会动物。从霍布斯到卢梭都曾确切地阐释过的存在于社会形成之前的自然状态、早期经济学家人为创造的"经济人"（homo oeconomicus）概念，以及基督教的作为道德人的"个体"观念，即人作为上帝的创造物之一，自身即包含价值：这三者共同构造了"个体"这一概念。两种宣言都将个体作为自己的出发点，宣言所声明的这些权利属于那些被一项一项从其手中夺走了的个体，因为在进入任何形式的社会之前，他们本是拥有这些权利的。然而，"共同利益"被引入法国文献纯粹是为了证明某种"社会划分"，相较而言，美国的宪章中"共同利益"却几乎总是直接指的是政治联合体的目的，即弗吉尼亚州宪章中的共同利益（common benefit），马里兰州的全体利益（good of the whole），马萨诸塞州的共同利益（common good）。美国制宪会议的成员们把个体的权利与社会的共同利益连接在一起了，而法国制宪会议的成员们却特意地断言个体的权利高于一切。雅各宾派宪法被一种特别不同的观念激发出热情，这一观念在第一款中被突出出来，即"社会的目的在于共同的幸福"，而且，它将与全体有关的一切置于与个人有关的一切之上，将共同利益置于各组成部分的权利之上。

关于哪一场革命更具有伦理上与哲学上的优越性这一问题，争论又要往回走了。早在国民大会的讨论中，来自巴萨奥弗涅的议员、财务长皮埃尔·维克多·马卢埃（Pierre Victor Malouet），就对人权宣言表达了他的不满。他认为，人权宣言确实对美国人有用，因为他们"在其统治之初，已经将人作为自然界的中心，并将其献给宇宙"，因此他们"已准备好以满腔的热情来接受自由了"，但人权宣言不会对法国起到同样好的作用，因为法国人中的大批人群没有财产，因此他们期望政府，与其给他们如此多的自由，不如给他们就业的安全，这一点使他们在任何情形下都无法独立。①

　　在关于这一争论的众多材料中，我将选择对意大利公众来说可能是最为熟悉的一则材料，尽管在我的印象中，它已经完全被人们遗忘了。在《1789年法国大革命与1859年意大利革命》一书中，亚历桑德罗·曼佐尼通过比较1787年的美国宪法与1789年的《人权宣言》，细致比较了美国革命与法国大革命，他采用了与法国财务长相似的论述，毫不犹豫地表现了对前者的偏爱。他观察到，撇开美国宪法没有包含任何一项前期宣言这一事实不说，美国以前的国会宣言仅仅关注"在处理殖民地与英国政府和国会的关系中的一些积极、特殊的权利，因此它们就把自己限制在宣称和要求那些被英国政府侵害、被英国国会欲使之无效的那些权利上，而反对一项古老而和平的

---

①转引自赛义塔（A. Saitta）的《宪法与现代法国的制宪》（*Costituenti e costituzioni della Francia moderna*, Torino: Einaudi, 1952），第39页。

主题"①。他总结道:"在两份宣言中以及在两份宣言的宣布方式中假设存在的相似性,纯粹是出于肤浅的一知半解,所以,美国宪章达到了预期效果,而对于1789年制宪国民大会的《人权宣言》,我们只能说:在随后的时代里,对所有权利所进行的轻蔑与破坏已经到了根本质疑两个宣言之间是否有任何历史相似性的程度。"②

让我们将关于两份宣言的关系的争论留给历史学家们吧。尽管13个殖民地的革命立刻对欧洲产生了冲击,尽管在古老的北美洲大陆上美国神话迅速形成,然而是法国革命,在近两个世纪的时间里,为那些为自己的解放和人民的自由而战的人们建构起理

---

① 曼佐尼(A. Manzoni):《1789年法国大革命与1859年意大利革命》(*La rivoluzione francese del 1789 e la rivoluzione italiana del 1859*),见《亚历桑德罗·曼佐尼全集》(*Tutte le opere di Alessandro Manzoni*, Firenze: Barbera, 1928),1110 b。然而,这种比较并不完全是准确的,因为正如维奇奥(G. Del Vecchio)在《人权与公民权宣言》(*La Dichiarazione dei diritti dell'uomo e del cittadino*, 1903)中[见《法律与哲学思想史探讨》(*Contributi alla storia del pensiero giuridico e filosofico*, Milano: Giuffrè, 1963),第141-216页]所指出的那样,曼佐尼只知道美国宪法文本,而不了解此前美国各州所发表的权利宣言的文本(第188页)。F. 鲁夫尼(F. Ruffini)若干年之后重申了这一评价,见其著作《自由的权利》(*I diritti di libertà*, Torino: Gobetti editore, 1926)第84-85页。鲁夫尼明确地判断道:"他(指曼佐尼)的分析根本是站不住脚的。"有关这一问题,请参看L. 曼诺尼(L. Mannori):《曼佐尼和革命现象》(*Manzoni e il fenomeno rivoluzionario*),载于《佛罗伦萨笔记》卷XV(*Quaderni fiorentini*, XV, 1986),第7-106页。

② 曼佐尼:《1789年法国大革命与1859年意大利革命》,前引,第1114页。

想的模式。不管我们喜欢与否,建立于1789年的原则,对于自由的朋友和敌人——前者祈求自由而后者憎恨自由——构成了一个约束性的参照点。就发生在欧洲的法国大革命的直接的、潜在的以及极具膨胀性的力量而言,让我提醒诸位想想海涅的精彩比喻,他将德国人听到法国发生的事时的兴奋比作来自大海、由那种常被用来装饰壁炉台的大贝壳所发出的绵绵絮语:"当巴黎的革命波浪在人类海洋中泛起,变得汹涌、变得像暴风雨般猛烈的时候,在莱茵河的彼岸,德国人的心开始骚动并兴奋起来。"①

1789年建立起来的原则的精神鼓舞,在我们历史中的许多重要时刻都会引起共鸣。我将限制自己只提其中的两个:意大利复兴运动和反法西斯运动。当预言一个他命名为"社会的"(sociale)新时代的到来时,马志尼(G. Mazzini)已认识到,1789年的宣言是基督教时代的成果的总结,它毫不动摇地坚持了这些成果并将其上升为政治信条。这些成果是:由希腊-罗马世界在理念(Idea)的领域达到的"自由",由基督教世界达到的"平等",以及由此两项所产生的直接结果"人类之间兄弟般的情谊"。② 卡

---

① 引文出自海涅(Heine):《德国宗教与哲学的历史》(*Zur Geschichte der Religion und Philosophie in Deutschland*, 1834),转引自维拉(V. Verra):《法国大革命和当代德国思想》(*La Rivoluzione francese nel pensiero tedesco contemporaneo*, Torino: Edizioni di Filosofia, 1969),第3页。

② 马志尼:《欧洲革命倡议》(*Dell'iniziativa rivoluzionaria in Europa*, 1834),载于《已刊和未刊著作》(*Scritti editi e inediti*, V, Milano, 1863),第67页。这一倡议是马志尼年轻时写下的。众所周知,他相信法国大革命确实摧毁了一个旧的不公平的社会,但还需要被一场新的革命所超越;这场新的革命将以协作时代取代个人时代,将以责任宣言取代权利宣言。

洛·罗塞利的《自由社会主义》一书阐述了他自己的政治纲领。该书写于他在国内流放期间，1930 年在法国出版。书中指出：自由的原则在 17 世纪传播到文化生活领域，伴随着百科全书运动而达到高潮，通过 1789 年革命及《人权宣言》最终在政治领域中取得胜利。①

我曾说过好得很就会糟得很。② 对 1789 年的原则进行定罪，从德梅斯特（De Maistre）开始，一直持续到埃克森·弗朗西斯（Action Française），是每一次反革命运动都要重提的话题。在这

---

①罗塞利（Carlo Rosselli）：《自由社会主义》（Socialismo liberale, Torino：Einaudi, 1979），第 90 页。自由社会主义理论的核心内容包括，确信未来的社会主义革命不是 1789 年革命的对立面，而是其必要发展。罗塞利受到他的一位老师——鲁道夫·蒙多尔福（Rodolfo Mondolfo）的思想的鼓舞，后者在 20 世纪初写过一篇《从〈人权宣言〉到〈共产党宣言〉》（Dalla Dichiarazione dei diritti al Manifesto dei Comunisti），载于《社会批判》第 XVI 卷（Critica sociale, XVI, 1906），在文中他证明了两种宣言之间的连续性，而不是缺乏连续性（第 232－235，329－332，347－350 页）。

②行文至此，我收到了塔马尼尼的书《法国大革命与人权：赞成和反对》（G. Tamagnini, Rivoluzione francese e diritto dell'uomo：alcuni pro e alcuni contro, Modena：Macchi, 1988）。作者指出的主要反对者是伯克与边沁。伯克的批评主要是政治性的。与此不同，边沁的批评本质上是哲学性的，他从后来被称作是法律实证主义哲学的立场出发，拒绝承认个体能够享有未被国家所授予的权利，因此他指责法国立宪大会的成员们犯了严重的错误。边沁对人权宣言的激烈斥责见于其《无政府主义的谬误》（Anarchical Fallacies），该文通过杜蒙（E. Dumont）1816 年的法文译本而传遍欧洲。对于此文的检讨与批评，请参看卡塔内奥（M. A. Cattaneo）：《英国法律实证主义》（Il positivismo giuridico inglese, Milano：Giuffrè, 1962），第 150 页以下。

里只需征引反动作家之王尼采就够了,他曾一度成为误入歧途的新左派的宠儿。在他死后出版的最后一批未完稿中,他写道:"我们对大革命的敌意,无关乎它残酷的演出或其中包含的不道德,而在于它的大众心理、它仍在制造着的那些真理,以及它那极具感染性的关于'正义与自由'的形象,这一形象诱惑所有平庸的灵魂,鼓励他们去推翻上层阶级的权威。"① 他的观点马上就被他可能并不知道的意大利追随者们所响应,他们嘲笑对法国大革命"正义、博爱、平等、自由"精神的夸大其词的赞誉。②

* * *

《人权宣言》学说之精义包含在前三条中:第一条是讲在文明社会形成之前个体的自然状态;第二条涉及政治社会的目的——政治社会就算不是在历史顺序上也是在价值论意义上晚于自然状态;第三条涉及的是适合国家的权力的合法性原则。

---

① 尼采:《遗稿(1880—1888)》第 8 卷(*Frammenti postumi*,1880—1888,vol. VIII),《尼采文集》(*Opere di Friedrich Nietzsche*,Milano:Adelphi,1971)总第 2 卷,第 59 页。对 1789 年精神的攻击谩骂、对卢梭思想中的平等主义的批判、对民主与社会主义的轻蔑,贯串于尼采的全部著作之中。

② 帕皮尼、普利佐里尼(G. Papini, G. Prezzolini):《新旧民族主义》(*Vecchio e nuovo nazionalismo*,Milano:Studio editoriale lombardo,1914),第 9 页。关于这一问题更具启发性的论述,请参看我的文章《法西斯主义的意识形态》(*L'ideologia del fascismo*,1975),载于 C. 卡苏奇(C. Casucci)编,《法西斯主义:批判文献选粹》(*Il fascismo. Antologia di scritti critici*,Bologna:Edizioni del Mulino,1982),第 598-624 页。

第一条中"人生来自由，权利平等"的表述，几乎被逐字照抄在《世界人权宣言》第一条中："人人生而自由，在尊严及权利上一律平等。"卢梭在《社会契约论》的开端写道："人类生而自由，却无往不在枷锁之中。"正如人们常说的那样，这是一种理想状态，并非真正的自然产物。现代学说认为：人们生来既不自由，也不平等。对神话黄金时代的信仰可追溯至古代，在文艺复兴时期被重申，但它已被从卢克莱修到维柯所坚持"人类的开端野蛮残忍"的学说所取代。洛克所阐述的"人在自然状态下生来自由平等"的学说，只是一个理论上的假设，它不是一种真正存在过的状态或历史事实。想要把长达数世纪之久的关于自上而下统治人们的政治权力的概念彻底翻转过来，这一学说在理论上是必需的、也是唯一的手段。根据洛克的说法，这一理论是为"正确地理解政治权力，以及从源头上把政治权力推论出来"① 而设的。这恰恰也是法国立宪国民大会为自己设定的目标。紧接着《人权宣言》第二条写道"每一个政治团体的目的都在于保护人们天生而不可剥夺的权利"，这些权利是：自由，财产，安全，以及反抗压迫。该章中未使用"社会契约"这一术语，但在"团体"一词中，"契约"的思想已经不言自明了。"团体"在这里意味着建立在契约基础上的社会。这两条是这样被联系起来的：第一章指出权利平等，第二章强调哪些权利还没有实现平等。然而在第六条与第十三条中，又重新规定了法律面前的平等与财政上的平等。

---

①洛克：《政府论》下篇，第2章第1节。

在《人权宣言》开列的四项权利中，只有"自由"有明确的定义（第四条），它被定义为"能够做不危害他人的任何事情"的权利。这一定义既与目前流行的基于霍布斯与孟德斯鸠的定义不同，他们将自由定义为在法律允许的范围内做所有事情的能力；也与康德的定义不同，康德认为自由的范围可以延伸到与他人的自由兼容的程度。"安全"在1793年法国宪法第八章中被定义为"社会为其每个成员所提供的人身、权利以及财产安全方面的保护"。

财产权，在《人权宣言》最后一条被称作是"神圣不可侵犯的权利"，这招致了社会主义者的批评，并导致1789年革命被以资产阶级革命的性质写进历史。财产权被包含在自然权利之中，这可以追溯到古老的法律传统，因此远远早于对自然法学说的宣称。在古典罗马法中，私法从公法中独立出来；通过个人劳动来积累财富的原始方法以及随之而来的通过契约和继承来获得财产的方式，二者发生在完全私人的领域：自然权利中包含财产权，正是这两点的结果。近代以来，洛克的著名理论——作为现代自由的主要灵感之一——认为，财产由个人劳动而来，而个人劳动作为一项人类活动，先于国家存在，且发生在国家之外。经历了19世纪社会主义运动领导下无产者对抗资产阶级这一历史需要之后，人们脑子里会形成一些成见，然而，财产权在此前几个世纪里一直被视作是对抗统治者专横权力的一种屏障，而且是最强有力的屏障。正是最严苛的绝对主义理论家托马斯·霍布斯才敢于宣称："每一个平民对其财产都具有可以排斥主权者权利的所有权"① 乃是煽动暴乱的言论,因此在一个以理智原则为基础的国家里,这种主张应予摒弃。

可以肯定,洛克的思想也源自反抗压迫的权利主张,但那是一种更为古老的观念。在讨论了理智人进入社会既维护自己的财产也维护自己的自由之后,洛克继而推论说,当政府侵犯了这些权利时,政府就将自己置身于反对自己人民的战争之中了,人民从这一刻起,被免除了所有服从的约束,他们所具有的便只是上帝为反抗强权与暴力而提供给所有人的一般庇护了。② 用法律术语讲,反抗权是一种二级权利(diritto secondario),就像二级准则为基本准则提供保护一样。当自由、财产、安全等基本权利遭到践踏,事情进入第二阶段,二级权利就会被触发。反抗权的另一特异之处在于,它被触发是用来保护其他权利的,但其自身并不能得到保护,因此它本身要为其实施承担风险。从严格的逻辑上来说,没有哪一个政府会保护反抗权的实施,反抗权的实施恰恰发生在公民不再承认政府的权威且政府也相对地不再进一步对公民有义务的时候。当康德讲到

---

① 霍布斯:《利维坦》,第 29 章。霍布斯所反对的"第五种趋向于使国家解体的说法"。应该强调,将财产权作为一项自然的个人权利,其主要目的在于反对封建财产。1789 年 8 月 4 日晚上,法国国民大会对封建财产权有所谴责,就在同一天,起草一份权利宣言的建议也获得了通过。关于"对资产阶级财产的肯定"与"对封建财产的谴责"之间的关系,请参考索拉里(G. Solari):《个人主义与私法》[*Individualismo e diritto privato* (1911),Torino:Giappichelli,1959],第 141 页。

② 洛克:《政府论》下篇,第 19 章第 222 节。

"为了使人民被授予反抗的权利，应该有一部允许这种授权的公法"① 时，他指的可能就是宣言中的这一条。但这一规定将会是自相矛盾的，因为从统治者允许对他自己的反抗这一刻开始，他就不再是统治者了，而被统治者取而代之成为统治者了。宪法国民大会的成员们不可能意识不到这一矛盾。但是，正如乔治斯·勒费弗尔所解释的那样，把反抗权包含在自然权利当中，源自对 7 月 14 日的新鲜记忆，以及对贵族可能发起的另一场袭击的恐惧，因此这只不过是对反抗旧制度的斗争的一种事后的辩护。② 反抗权并未出现在 1948 年的《世界人权宣言》中，但在前言中却说，"如果想要避免人们万不得已被迫对暴政和压迫进行反抗"，以下将要被列出的人权就必须要得到保护。这就是说，反抗不是一种权利，而在某种情况下是一种需要（正像"被迫"一词所表达的那样）。

《人权宣言》第三条，根据"所有统治权本质上属于国民的原则"，忠实地反映了发生在 6 月份的讨论。在那次讨论中，米拉波伯爵（Count Mirabeau）要求使用与其他两个阶级区别开来的"人民"（popolo）一词的建议被否决，讨论的结果是使用更加全面、能将所有阶级联合起来且包括了所有人的"国民"（nazione）一词，并以此词命名了"国民大会"（Assemblea nazionale）。"国民"一词表达了注定要成为每个未来民主政府的基

---

① 康德：《法权学说》第 2 章《公法》（*La dottrina del diritto*. II. *Il diritto pubblico*, 1786），载于《政治著作集》，前引，第 508 页。

② 勒费弗尔：《80 年代》（*L'Ottantanove*, Torino: Einaudi, 1949），第 191 页。

石之一的观念,因为国民不能再像曾经发生过的那样被分成不同阶级或不同的社会地位。且从整体性与不可分割性上来讲,国民并不是由各个分别的团体组成,而是由单独的个人组成,每个个体只对自己负责,这也符合这样一种原则,即每个民主政府从成立之日起就要确证其是否代表了某些利益集团。① 这种整体且不可分割的国家主权的观念,也暗含着对于强制性命令(mandato imperativo)的拒绝。这种拒绝,是由西哀士(Sieyès)坚决力主的,暗含在《人权宣言》第六条中——根据此条,法律是全体意志的表达——,并被明确规定进了 1789 年 12 月 12 日所颁布的法律的前言第八条中,该条规定:"各省国民大会所提名任命的代表,当被视作并非代表某一特殊省份,而是代表所有省份,即代表全体国民。"个人代表以及对强制性命令的拒绝,成为共同摧毁等级社会的两项制度,而在等级社会中,每个等级都有自己独特的法律地位,每个个体无论是在权利上还是在法律面前都是不平等的。从这一观点出发来看,《人权宣言》可以说确乎标志着旧制度形式上的废除②,然而对旧制度的最后一击则是 1791 年宪法的制定。宪法前言直截了当地表明:"不再有贵族,不再有贵族的爵位和头衔,不再有世袭的身份区分,不再有命令上的身份区分,也不再有封建制度。对国民中的任何一部分人或任何个人而言,不再有特权,不再有法律上

---

① 有关这些讨论的详细描述,请参看 P. 维奥兰特(P. Violante)的《代表的空间,卷一:法兰西(1788—1789)》[*Lo spazio della rappresentanza. I. Francia (1788—1789)*, Palermo: Palma, 1981]。

② 参看勒费弗尔:《80 年代》,前引,第 187 页。

的例外，法律将对全体法国人一视同仁。"①

* * *

《人权宣言》从宣布之日起到今天，已招致了两种反复出现但观点相左的批评意见：反动分子和保守主义者指责它总体上过于抽象，而马克思以及一般左派则批评它与某一特殊阶级的利益关系过于密切。

关于"抽象"的指责，已被重申了无数次，此外，反启蒙思潮也在持续不断地反思启蒙思想的抽象。我几乎不需要重述德梅斯特（De Maistre）的著名讽刺，他见过英国人、德国人以及法国人，而且拜孟德斯鸠所赐，他还知道波斯人，但他从来未看到过人——普遍的人，也不知道其存在。人们可能会引用丹纳（H. A. Taine）不那么有名却不乏激烈的观点，他认为，《人权宣言》的条款"只是一些抽象的教条、形而上学的定义，以及或多或少具有文学意味的格言，因而多少是虚假的，有时模糊含混，有时自相矛盾，容易受各种解释以及各种相反解释的影响。……它是一块浮夸的招牌，沉重而无用……处于摇摇欲坠，就要砸伤过路人的危险之中，且每天都在被暴力之手摇撼"②。任何一个不乐意

---

①关于等级社会的各种形式，请参看 R. 穆斯尼埃尔（R. Mousnier）的《社会等级，1450年至今》（*Le gerarchie sociali, dal 1450 ai giorni nostri*, a cura di E. Rotelli, Milano: Vita e pensiero, 1971）。

②丹纳：《当代法国的起源：革命、无政府状态》（*Les origines de la France contemporaine. La Révolution, l'anarchie*），第273页，转引自 G. 戴尔·维奇奥：《人权与公民权宣言》，第180页。维奇奥的研究至今仍然是一部有用的参考书，它对有关《人权宣言》的各种评价做了篇幅很长的回顾。

听到这些举例——人们不知道该称之为祈福还是诅咒——而想听到哲学的批评的人,都可以读一读黑格尔《哲学全书》(*Enciclopedia*)第 539 节的附录部分,在那里,除了表达了其他重要看法之外,他还说道:自由和平等在天性中几乎没有基础,以至于它们只能是"历史良心的产物和结果",而且在不同民族中无论如何情况也不相同。①

但是否真的可以说:法国立宪国民大会的成员们是如此缺乏机敏,以至于他们的头脑耽于幻想,他们的双脚远离地面么?在对这一问题的回应中,可以观察到:考虑到革命者们就像米拉波所说的那样,不是想要制作一份抽象的权利宣言,而是想要发动一场反对暴政的战争,那么看上去抽象的那些权利实际上是被立宪国民大会用作政治辩论的工具的,而且每一种权利都必须被阐释为它所打击的权利滥用的对立面。② 如果说这些权

---

①黑格尔写道:如果自由与平等这两个范畴被维持在抽象形式中,就像在它们被理解为存在于国家之前的自然权利时那样,那么它们就会"防止或破坏具体——即国家组织、宪法或一般性政府"。应该指出,这些表述是在黑格尔将国家定义为"被组织起来的全体"、将宪法定义为"国家权力的组织"之后,作为其补充出现的。人们必然会注意到这明显是一个反个人主义的国家概念,因此是一个排斥社会契约的概念。对于这一问题更细致的讨论见我的论文《黑格尔的宪法》(*La costituzione in Hegel*),载于《黑格尔研究》(*Studi hegeliani*, Torino:Einaudi, 1981) 第 69-83 页。

②对关于抽象的批评的这种反批评,已由雅内 (P. Janet) 在他的名著《与道德之关系中的政治科学史》(*Histoire de la science politique dans ses rapports avec la morale*, Paris, 1887) 第 3 版名为《美国与法国的权利宣言》(*Les Déclarations des droits en Amérique et en France*) 的序言中做出,并曾在数处被提及。例如拉吉罗 (G. De Ruggiero) 在《欧洲自由主义史》(*Storia del liberalismo europeo*, Bari:Laterza) 中说道:"《宣言》的表述很明显是抽象的,但

利被褒扬为超越时间与历史而被镌刻在石碑上,那是由于这一事实:法国大革命,就像托克维尔所解释的那样,尽管是一场政治革命,但却表现得像一场宗教革命,它从人自身来看待人,而不受某一民族的法律、习俗和传统的指引。它把一些不同寻常的特点嫁接在了一个寻常的事物上,而它之所以表现得像一场宗教革命,是因为"它似乎对人类的新生比对法国的改革更感兴趣"。① 在托克维尔看来,它之所以能够唤起此前哪怕是最暴力的政治革命也没能产生出来的激情,原因盖系于此。

相反的批评意见是:《人权宣言》绝不是太抽象,而是如此具体、如此地为历史所决定,以至于事实上它不是对普遍的人——他虽然不为《圣彼得堡之夜》(Serate di San Pietroburgo)的作者②所知,但确实存在——的保护,而是对活生生地存在着的资产阶级的保护,而且它尽管支持了资产阶级反抗贵族的解放事业,但却没太关注被称作第四阶层的人们的权利。这一观点在青年马克思的《论犹太人问题》一书中——此书我们太熟悉了,以至于不必再去分析——得到了详尽的论述,并被此后的

不管是谁,如果以一个历史学家的眼光去检视其中列出的个人自由权利,就会很快意识到,其中每项权利都代表了一个对当时的社会与国家的某一特殊方面形成挑战的对立面。"(第72页)

① 托克维尔:《旧制度与大革命》,前引,第89页(意大利文版第619页)。潘恩曾写道:通过法国大革命,一个"全新的、无与伦比的"事件在世界范围内发生了,因此"革命"这一称谓似乎小觑了它,因为它配得上"人类的新生"这个名字。(《人的权利》第189页)托克维尔的这一表述看上去反映了潘恩对于大革命的褒扬。

② 即前文所说的没看到过普遍的人的约瑟夫·德梅斯特。——译注

历代马克思主义者们仪式性地重述。不再是抽象的、普遍的人了！《人权宣言》中所说的人事实上是有产者,《人权宣言》所维护的权利是资产阶级的权利,是那些以自我为中心的人的权利,正像马克思所解释的,是从其他人中、从社会团体中分离出来的人的权利,是"独立自在的单子"的人的权利。①

我认为马克思之所以会如此说,是他把产生了这些权利需求——它们无疑是第三等级反抗贵族的斗争需要——的历史情形,错当成了一个原理性的问题,这使他以公民替换了人类,又以资产阶级替换了公民。我觉得,这一对实际问题的误解所产生的后果已然是灾难性的了,但我同时也认为,因为是在事后看问题,所以我们能比我们的父辈更好地理解这一问题。但我们仍然被这一历史潮流裹得太紧,以至于无法准确地理解它将如何收场。我发现要搞清一个人如何否定下述观点是很困难的:以意志自由论者甚至是以个人主义的自由权利为开端的对

---

① 马克思:《论犹太人问题》(*La questione ebraica*),《青年时期政治著作选》(*Scritti politici giovanili*, Torino: Einaudi, 1950),第 377 页。在否定意义上使用"个人主义"一词来对《人权宣言》中的个人主义进行批评,并不是马克思的专利,而是左翼史学的老生常谈(极右分子从完全相反的观点出发,但却得到相同的结果)。在《左派与 19 世纪中叶的法国革命》(*La gauche et la révolution au milieu du XIXe siècle*, Paris: Hachette, 1986)一书中,富勒(Furet)回顾道:因为各种人权涉及的只是在它们自己特定范围内所定义的个体,所以它们对于社会的构建并不完全适合。考虑到这种不适应性,对布谢[Buchez,《法国大革命议会史》(*Histoire parlementaire de la Révolution française*, 1834—1848)的作者]来说,人权就是大革命所产生的伟大错误。(第 16－19 页)

人权的主张,是我们无法背弃的普遍政治思想的支柱之一。

马克思对《人权宣言》的责难在于:《人权宣言》是从关于社会的个人主义概念那里获得灵感的。这一责难是精准的,但它是否可以被接受呢?

《人权宣言》对统治者与被统治者之间的关系这一永恒问题的处理方式是立足于个人的,而个人被理解为统治权的掌握者,这的确是真实的,因为在对社会产生之前的自然状态的假设中,个人是没有超出自身以上的权力的。政治权力,或者说被组织起来的个体们的权力,出现得比较晚。它是一种产生于集会的权力,是人类发明的产物,就像机器一样。事实上,在霍布斯看来——他对国家的理性考察发端于对个人的缜密设想——,国家可以被定义为最精巧、有益的机器,机械的机器(machina machinarum)。这一观点代表了对传统的古典政治思想与中世纪政治思想的彻底反转,而在后者那里,有关权力的两个流行的隐喻是牧羊人(人民是羊群)以及舵手或船长(gubernator)(人民是船员)。现代国家就产生于这种反转,最先是自由国家,在其中那些宣称统治权力的个体只是社会中的一部分人;然后是民主国家,在其中宣称统治权力的个体可能是每一个人;最后是社会国家,在其中每个个体都是统治者,没有阶级区分,他们既宣称社会权利,也宣称自由权利,而这些权利也都是个人主义的权利。这最后一种也就是公民国家,在其中公民不再仅仅是中间阶级,也不再是亚里士多德所定义的公民——在《政治学》卷三的开头,他将公民定义为能够参加公共事务的人,在民主政治中，除开奴隶和异邦人不计，公民是极少数人。①

　　传统观念赋予个体的属性不是权利，而主要是责任，并且首先是遵守法律的责任——这些都是统治者的命令。长达数个世纪的道德准则与法律规范，从《十诫》到《十二铜表法》，形成了很多套必要的规则，它们建立了个人的义务，而非权利。让我们再看一看《人权宣言》的前两条。第一条说个体享有权利；第二条说，作为这些权利的直接结果的政府承担着保护这些权利的责任。统治者的权利与被统治者的义务之间的传统关系被反转了。就算是在早于1776年美国诸法案与1789年《人权宣言》的所谓权利法案——从1215年的英国《大宪章》到1689年的英国《权利法案》——之中，权利与自由可以承认和接受但从未被当作优先于统治权的存在，而且不得不表现为统治者单方面的行为，它们实际上只是臣民与统治者之间的一纸约定。这意味着，没有统治阶层的让步，臣民们毫无权利可言。② 同样的事情还会在19世纪发生，当时新兴的立宪君主政府已被主权者们所认可，但实际情况是那些宪法无非是国王与臣民之间冲突的结果，最后以条约形式结束了那些冲突，但所有这些都未能抹杀权力的神圣形象，公民所获得的一切都是君主仁慈慷慨赐予的结果。

　　而各种权利宣言是注定要推翻这种形象的，并且逐渐地这

---

　　①亚里士多德（Aristotle）：《政治学》（Politica），1275a。
　　②对法国大革命之前与之后的各种权利法案更为详尽的编集，请参考马德里人权研究所主任佩塞斯－巴尔巴（G. Peces-Barba）所编的《人权实在法》（Derecho positivo de los derechos humanos, Madrid: Editorial Debate, 1987）。

样做了。今天,民主的概念已无法与人权的概念分开。如若没有"社会"的个人主义概念,你就无法证明民主政治作为一种政府形式的合理性。还有什么方式比把民主政治定义为一个在其中每个个体——全部个体——都享有一份统治权的国家更好呢?如果不是通过将权力与自由的关系反转过来,并将自由置于权力之上,我们还有什么其他办法来不可逆转地巩固加强"民主政治"这一概念呢?我经常说,当我们谈及"民主政治"时,公民统治的说法比人民统治的说法要更正确。"人民"是一个模棱两可的称谓,它已被所有的现代独裁者所使用。它是一个具有欺骗性的抽象概念,因为,生活在一个给定的领土内的所有个体中的哪些部分组成了"人民"是不明确的。所谓集体的决定,不是由人民做出的,而应由作为组成部分的所有个体做出,不管他们是多还是少。在民主政治中,集体的决定只能是直接或间接由所有个体在他们将选票放入投票箱那一刻做出。对于那些只会把社会看作一个有机体的人来说,这或许看上去令人不快,但不管他们喜欢与否,民主社会不是一个有机体,而是组成它的个体的总和。如果情况不是这样,多数原则将失去其存在的正当理由,然而,它却是做出民主决定的基础性规则。所谓多数,是一个简单的算术上求和的结果,那些被一张一张拿来计数的,是每个独立个体的选票。关于"社会"的个人主义概念和关于"社会"的有机体概念是互不相容的。如果我们自问,这两个概念中的哪一个在绝对意义上讲更正确,将是很荒唐的。但如果肯定前者而非后者对于理解和阐释民主政治的性质更正确，而非但不荒唐，而且绝对合理。①

人们不应该信任那些拥护"社会"的反个人主义概念的人。事实上，几乎所有的反动学说都反对个人主义。伯克说："个人就如白驹过隙，而英联邦才是坚固和持久的。"梅斯特说："让政府去经受个人的评论，只会毁了政府。"拉梅内（Lamennais）说："个人主义破坏了服从和责任的观念，并由此破坏了权力和法律。"② 在反对民主政治的左派那里找到相似的论调应该也不会太困难。另一方面，没有哪一部民主宪法——如意大利共和国宪法——不预设严格享有权利的单独个体的存在，因为他们本来就是严格享有权利的单独个体。而且，如果不从价值论上预设个体优先于他或她作为其中一分子的社会的话，又怎么能肯定他们是"不可侵犯的"呢？

"社会"的个人主义概念已经走过了很长一段路。在各国宪法中已被维护并将继续被维护下去的人权在今天国际社会的大背景下也已被认可并被正式宣告。其结果是，国际法的精神和实践已被真正倒转过来了：每个个体都被提升到作为国际社会

---

① 我曾就这一话题做过更为详尽的讨论，请参看《现代民主与古代（及其后裔）民主的比较》[La democrazia dei moderni paragonata a quella degli antichi (e a quella dei posteri)]，载于《政治理论》（ Teoria politica, III, n. 3）第 3 -17页。

② 这些引文我转引自鲁克斯（S. Lukes）的《个人主义》（Individualism, Oxford: Blackwell, 1985）第 3 -5 页。对于想要对个人主义问题有个大概了解的人来说，这本书做了很有用的材料搜集工作。它将个人主义分为政治的、经济的、宗教的、伦理的以及其他各个层面的并将其与整体主义做了比较。

的积极成员的潜在地位,尽管到今天为止,其积极成员显然只是那些主权国家。① 如此一来,万民法已被转变为万民与个体的法律,并且,在作为永恒公法的国际法或欧洲公法(ius publicum europaeum)的身旁,正出现一种新的法律,我们可以用康德的术语"世界公民社会"来为之命名,尽管康德将其绑定在下述权利上:每个人无论走到哪里,都会被作为朋友而非敌人来对待。康德将这种权利称为"被友好款待权"(ospitalità)。尽管有诸多限制,但是康德已觉察到,世界公民权利并非"不切实际和言过其实",而是一个历史时期内——在该时期内,"世界上**某一地区**的侵权行为,会被**所有地方**感知到"——追求永久和平所必不可少的条件之一。②

正如我在文章开头所说的那样,康德将迎接法国大革命的

---

①关于从国际主义者的视角如何看待人权问题,请参看卡塞斯(A. Cassese)的《当代世界中的人权》(*I diritti umani nel mondo contemporaneo*, Bari: Laterza, 1988)。

②康德:《永久和平论》(*Per la pace perpetua*, a cura di N. Merker, con introduzione di N. Bobbio, Roma: Editori Riuniti, 1985),第19页。请参看塞纳(M. Sena)的《康德的伦理与世界主义》(*Etica e cosmopolitismo in Kant*, Napoli: Edizioni Parallelo 38, 1976)。该书提醒我们注意康德《实用人类学》中的一段,在其中,普遍公民社会被视作统治人类的最高原则。康德关于这一问题的基本文献是《世界公民观点之下的普遍历史观念》(1784),载于《政治著作集》,前引,第123-139页。还请参看阿尔基布吉(D. Archibugi):《永久和平的乌托邦》(*Le utopie della pace perpetua*),载于《国际通讯》(*Lettera internazionale*, V, n. 22, autunno 1989),第55-60页。该文强调了康德"世界公民权利"的新颖性。

激情视作人类道德禀赋的象征，而且正是他把这一非同寻常的事件置于预示性的人类历史之中——也就是说，置于这样一种历史中，其准确日期我们无从知晓，但是它预兆性的特征我们却可以分辨出来。在康德看来，其中一个预兆性的特征正是产生一部"基于自然法的宪法"，它将使对下述问题给出一个肯定的答案成为可能："人类是在不断朝着改善前进么？"他说，这一事件对人类精神产生了无法磨灭的影响，"因为它揭示了人性中有一种趋向改善的禀赋和力量，而这是之前的政治家未能搞清的"。① 现在，我们走到了见证了两次世界大战的这个世纪——一个充满暴政、充满被战争毁灭的威胁的时代——的尽头，我们或许会嘲笑一个生活在几乎所有人都对人类不可动摇的进步坚信不疑的时代的一位哲学家的乐观主义，但是，我们还会严肃地讨论这一问题吗：关于一部基于自然法的宪法的想法是不是已经被忘却了？人权问题，君主们在1789年《人权宣言》之后必须要面对的这个问题，是否比以前变得更具有代表性了？就像和平与国际正义一样，它也是各民族与各国政府无论它们喜欢与否都不得不面对的重大问题之一。就像各国的人权宣言是现代民主政治产生的前提条件一样，《世界人权宣言》或许也将成为国际体系民主化——这种民主化对于结束传统的平衡体系来说是必需的，在旧体系中，和平只是两场战争中间的暂歇期——的前提条件，以及一个持久的和平时代——在其中不再把战争作为选项——的开端。

---

① 康德：《重提这个问题：人类是在不断朝着改善前进吗?》，载于《政治著作集》，前引，第 222 页。

我认识到，这样的表述只能出现在康德所说的预示性人类历史的语境中，因此也是其所预示的事物不具备科学预言的确定性的历史（但是在人类历史中是否真的有过科学的预言呢？）的语境中。不幸的是，我也承认，关于厄运的全部预言从不被人们相信，但它们所预告的事件却每每成真；那些对好时代的预言立刻就被人们相信，但它们所预告的事件却往往落空。对厄运的预言是错误的，而对好时代的预言是正确的：为什么这样的事情就不应该发生一次——哪怕只是一次呢？

大革命的遗产

L'eredità della grande Rivoluzione

想象一种非凡的历史事件，它打断了历史连续性，标划了一个时代的结束与另一个时代的开端——正是法国大革命让人类的这种想象获得了强有力的观念形态。有两个相距很近的时间点，可以被用来象征这样两个时刻：1789 年 8 月 4 日，贵族阶级声明放弃自己的特权，标志着封建政体的结束；8 月 26 日，《人权宣言》的通过，标志着新时代的开端。几乎没有必要再去说这种象征与日渐增多的注重细节的历史学家们所考察出来的事实真相并不是一回事。但是对于本文的论题来说，象征的力量历时多年也未被削弱。

事实上，8 月 26 日的宣言，相比一些美洲殖民地在其与殖民国的斗争中宣布的权利宣言或者权利法案晚了几年。对两场革命的比较，以及对各自基础权利宣言的比较，是一个照例来说需要研讨的课题，这项课题理应包括对两个历史事件之间关系的事实考察，还应包括对二者之间谁更具有道德和政治的先进性做出价值判断。对于两场革命之间的密切关系以及不同之处所进行的纷繁复杂的讨论，常常以纯学术研究的面貌出现，而关于两者之间的先进性的争论则过于意识形态化，以至于无法严肃地征引。很少有讨论能采取如下视角，即把美国革命视为一场由意图参照模仿母国来建立一个政治体系（众所周知，总统共和制模仿了立宪君主制）的人们发起的独立战争（我们今天会说是一场解放战争），把法国革命视为推翻一套政治制度以及社会结构的一场革命——这场革命的意图在于用在统治者与被统治者之间的关系方面、在阶级统治方面完全不同于旧制度的东西取而代之——，几乎没有讨论用这种视角对两场革命进行过比较。另一方面，只要对宣言的比较研究不再弄到像19世纪末发生的那场冲突那样僵死的境地，这种比较就会多一些合理而少一些武断。那场冲突发生在大法官格奥尔格·耶利内克（Georg Jellinek）与埃米尔·布特密（Emile Boutmy）之间。前者顽固地声称，法国宣言是从美国宣言中衍生出来的；而后者同样顽固地断言相反的观点，此外他还论及，法国立宪大会中的成员对于发生在大洋彼岸的先例几乎一无所知，而这一论断已经被证明是错误的。

最近出现在《法国大革命批判词典》（*Dictionnaire critique de la Révolution française*）中的一个长篇词条"人的权利"（*Droits de l'homme*）的撰写者再一次指出："美国的榜样在法国宣言的形成中扮演着决定性的作用。"但我们首先必须在宣言的内容和先于制宪的宣言所蕴含的思想本身之间做出区分。你可以围绕内容进行争论，但美洲宣言对思想的影响是无可争辩的。正是拉法耶特伯爵（La Fayette），这位美国独立战争中的英雄通过一份在杰斐逊（Jefferson）——他当时是美国驻巴黎的大使——"关切和指导下"制定的文件，最早提出了发表宣言的计划。立宪大会的成员们不仅知道美国的范例，而且正如古彻特（Gouchet）所指出的那样，他们拟定宣言的立场也反映出了他们对美洲宣言的态度。皮埃尔·维克多·马卢埃（Pierre Victor Malouet），一位君主制的拥护者，下奥弗涅（Bassa Alvernia）的主要财政官员，曾以下列理由反对宣言：像美国这样的崭新民族"已准备好拿出全部的热情去接受自由",而像法国这样的民族,由大量的无财产的臣民组成,他们期望着政府来提供"就业的保证,这让他们变得依赖,而非自由"。

就两份宣言的内容而言,人们必须承认它们在自然法传统中有着共同的渊源——甚至是在法国的宣言中,自然法传统都比卢梭的影响更具有决定性——,即便人们已在几个方面指出了二者之间的差异。其中最明显的差异是,法国《人权宣言》中的"共同意志"一词意指那些享有立法权的人(第六条),这明显是从《社会契约论》的作者那里衍生出来的。两份宣言的共同出发点是:断言人有自然权利,且因为是自然权利,故而优先于社会权力的建立,因此必须被承认、遵守并被保护。《宣言》第二条将这些权利定义为"不可废弃的",这意味着,与那些历史地出现且为社会法所承认的权利不同,这些权利永远不会被丢掉,即使自古以来(ab immemorabili)很长一段时期内,人们并未使用这些权利。当巴黎人民政变的消息一传到英国,埃德蒙·伯克(Edmund Burke),首位尖锐批评法国革命的人,就提出了著名的"历史处方"理论,其根据是:英国人的权利之所以充满活力,并非因为它们是天生的权利,而是因为它们是通过不被大多数其他民族所知的长时期的自由传统而建立起来的。与"历史处方"的理论相比,"不可废弃性"的理论是一种有意识的创新。

总之,断言人们天生地,在任何社会集团的形成之外及之前,就享有原始的权利,这代表了一个同时在政治理论及实践方面的真正的转折点,它为一种直截了当的描述赋予了合法性。

政治关系,或更确切地说,统治者与被统治者、支配者与被支配者、王室与人民、君主与臣民以及国家与公民之间的关系，是一种权力关系。这种权力关系根据前一类人压倒后一类人或后一类人压倒前一类人的情况不同，一般有三种表述路径。无论是在古典的还是中世纪的政治思想中，政治关系传统上都被视为一种不平等的关系，是一类人凌驾于另一类人之上的关系：统治者凌驾于被统治者，支配者凌驾于被支配者，王室凌驾于人民，君主凌驾于臣民，国家凌驾于公民。在政治术语中，"权力"（potestas）出现得比"自由"（libertas）早，而那时的"自由"也只是"为个体所保留的自由空间必须是权力所有者心甘情愿让出的"。在霍布斯所用的术语中，被理解为"君主命令"的 lex（"法"）出现在 ius（"权利"）之前，而个人的"权利"纯粹是"法无禁止的默许"（silentium legis）。① 传统的法律原则是公法可以规定私法而私法不能与公法相抵触。

在有关政治权力的暗喻中，这一点被描述得更为清晰。如果统治者是牧羊人（想一想苏格拉底与色拉绪马霍斯关于这一问题的争论），被统治者是羊群（贵族的道德规范与群众的道德规范之间的区分一直持续到尼采）。如果统治者是舵手或者船长（gubernator），人民就是必须服从命令的船员。如果他们拒绝服从、造反，并相信没有发令者的专业指引他们也能行——就像柏拉图《理想国》中著名的段落所言——，船必然会沉没。如

---

① "这里的自由可以在这种意义上来理解，即被当作自然权利的作用，而这种权利是被民法所允许并留给公民的……也可以说，法律未规定的东西越多，他们所享受的自由就越多。"霍布斯：《论公民》，应星等译，贵阳：贵州人民出版社，2003，第 13 章第 15 节，第 141-142 页。——译注

果统治者是父亲（将国家描述为一个大家庭，君主是人民的父亲，在所有的政治文献中，不管是古代还是现代，都是非常普遍的），臣民就像孩子，孩子们必须要服从父亲的命令，因为他们还没有达到拥有健全理智的年龄，还不能为自己的行为负责。在以上三个比喻中，后者被证明是最长久耐用的。人们应该记取洛克对菲尔麦《先祖论》（Filmer, *Patriarcha*）的尖锐批评，后者宣称统治权直接承继自古代的父权；还应记取康德对所有形式的家长式政府的具有远见卓识的批评，这些政府将臣民视作永远长不大的未成年人，必须接受指引，而无视他们向往健康、繁荣、美好、快乐生活的意愿。不过洛克和康德都信仰自然法，或者换句话说，他们都是扭转了传统的观点且实现了"哥白尼式革命"——套用一句康德的话，尽管此处的语境与他当初的语境大不相同——的思想家。他们不再认为政治关系是自上而下的［ex parte principis（从领袖一方开始）］，而是自下而上的［ex parte civium（从公民一方开始）］。

为了呈现这种观点上的扭转——这一扭转是现代政治思想的源头——，他们就需要放弃传统的理论，这种理论我曾在别文中将其定义为亚里士多德式理论，它将人理解为一种政治动物，生于家庭这种社会性群体之中，并在城邦（polis）这一大的、天然地自足的社会群体中提升自己的本性。洛克和康德他们还需要将每个个体视为自足的，脱离了所有社会关系，更重要的是脱离了所有政治关系，使之处于某种类似自然状态的状态之中——尽管这种方式只是推理性的，但确乎有意忽略了人类社会的历史起源。在自然状态中，还没有什么政治力量被设计出来凌驾于个人之上，也没有什么"制定法"来强迫这种或那种行为，这就创造出一种完美的——即使是假设的——自由平等状态。他们需要假设一种先于所有社会组织形式的存在，一种原始的状态，正因为它是源头，所以不得不被视作文明社会的诞生地和基础。这就意味着，文明社会不再是像家庭或其他社会团体那样的自然状态了，而是某种基于自然状态下的个体的自愿联合而被人为地、有意地创造出来的。

那么让我略加总结：每个个体，只要他们还被视作从一开始就是某种自然的社会集体——如家庭，它是被等级分明地组织起来的——的成员，他们就不会是天生自由、平等的。他们不自由，因为他们臣服于父亲的家长权威；他们不平等，因为父亲与孩子们的关系是等级地位中优与劣的关系。只有通过一种假说，它假定最初的原始状态中，既没有社会也没有国家，人们生活于其中，没有法律的约束，只遵从自然法——自然法不是由外部权威来强制执行的，而是人们出于良知而自觉遵守的。只有通过这种假说，人们才可以讨论那一大胆的、不自然的以及明显违反历史的原则：人们生来自由、平等。我们可以在法国《人权宣言》的开头部分找到这一原则，它被神圣地描述为："人们生来自由，权利平等，且一直如此。"这些话在一个半世纪后，被逐字转述到《世界人权宣言》第一条中："人们生来自由，尊严与权利平等。"而事实上，人们生来既不自由，也不平等。理智命令我们，人们应该生来自由平等，但这既不是对现实的描述，也不是历史上的真实。它只是一个假说，这个假说允许对传统观念——传统观念认为，统治人的权力，被称作绝对主权（imperium），是自上而下运作的——来一次彻底的颠覆。用洛克自己的话说，这一假说是被用来"更好地理解政治权力，并将政治权力从其源头上推衍出来的"。很明显，他所谓的源头是一个理想中的源头，而非历史上的源头。

使观点逆转得以实现的任何叙述，可能都不能不在一定程度上是思辨性的。它完全是关于"社会"与"历史"的个人主义观念的诞生的描述。这种个人主义观念是有机论观念的根本对立面。有机论观念援引亚里士多德的说法——这种说法还会被黑格尔所征引——主张整体（社会）先于部分。而社会与历史的个人主义观念则通过翻转整体与部分之间的关系断言个体是第一位的，社会则置于其后。社会是为个人的，而非个人为社会。这一原则甚至被正式写入《宣言》第二条中，在那里，列举了四种人们生来便享有的权利并断言"每一种政治组织的目的都是保护"这些权利。而对于将社会视为一个有机体的观念来说，政治组织的目的是保护社会整体。在这种有机论的观念中，是容不下不仅要求先于整体而且要求超越于整体——或使整体服从于个体需要——的那些权利的。而"政治组织"这一表述标明了它与有机论观念毫不相干："组织"指向一种自愿的社会形式，其基础是集体赞同。虽然"社会契约"这一表述未出现在《宣言》中，但"组织"这个表述却正是以"社会契约"为前提条件的。在将社会视作有机体的观念中，部分是整体的一种功能；在个人主义的社会观念中，整体是各组成部分自由意志的结果。

我们再怎么强调这一扭转的历史重要性都不过分。社会的个人主义观念中产生出来的现代民主（在"民主"一词的现代意义上讲）应被正确地定义。它不能像过去那样被定义为"人民的权力"，而应被定义为，在一些基本规则的支撑下，那些组成社会的全部个体每人都行使的权力。这些基本规则之一就是，承认每个人都平等地享有自由参与那些约束整个社群的集体决定的权利。

现代民主并不基于人民（popolo）的统治，而基于公民（cittadini）的统治。"人民"一词是一个抽象的概念，经常被用来掩盖那些非常不同的事实。据说，纳粹主义之后，"Volk（人民）"一词已变得不可能清楚地用来达意，而且，我们都还记得法西斯政权的官方报纸就叫"《意大利人民》（*Il popolo d'Italia*）"。我不希望被误解，但"peuple（人民）"一词在法国大革命中确乎被滥用了，比方说："巴黎人民攻陷巴士底狱""巴黎人民实施了九月屠杀""巴黎人民审判并处决了国王"，等等。"人民"一词因而变得可疑了。而这里的"人民"与现代民主的"公民"之间究竟有何关系呢？同样的含混性也隐藏在"populus romanus（罗马人）"这一概念或者"popolo delle città medievali（中世纪市民）"这一概念中，后者同时也还包含着"popolo grasso（肥民）"和"popolo minuto（瘦民）"的区别。① 当真正的民主逐渐自我确立起来，"人民"一词变得日益空泛且流于虚夸，尽管意大利宪法仍然声称"统治权属于人民"。在现代民主社会中，集体决议总是且仅仅是由作为个体的公民在他们把选票投入票箱之后来决定的。这种社会并非是一个由个体组成的

---

① popolo grasso 和 popolo minuto：在中世纪的佛罗伦萨，对商人以及行会阶层或"资产阶级"中的富裕者与贫穷者所做的区分，字面意思是"肥民"与"瘦民"。它们在一定程度上对两者都表现出一种贵族式的轻蔑。——译注

"身体",否则就不会有对少数服从多数原则的辩护,而这一原则是民主政府的基本原则。所谓"多数"是通过统计单个个体的选票而得出的数学结果。这些个体,不多也不少,恰好就是前文明社会的自然状态假说为之提供天赋权利概念的那些人,这些权利也包括通过他们自己的自由意志来决定影响他们的法律的权利。如果你取消关于社会的个人主义概念,你将无法证明民主政体是一种好的政府形式。所有反动保守的理论都反对个人主义。在伯克的书里,人们读到:"个人就如白驹过隙,而英联邦才是坚固和持久的。"梅斯特专横地宣称:"让政府去经受个人的评论,只会毁了政府。"拉梅内则声称:"个人主义破坏了服从和责任的观念,并由此破坏了权力和法律。"而与之形成对照的是,没有一部民主宪法不以个体权利的存在为预设,因此没有一部民主宪法不以这样一种观念开端:首先是个体公民的权利,其次才是由这些公民们组成并由他们自己自由掌控的政府的权力。

国民大会上关于《人权宣言》的讨论从1789年8月11日到26日一直持续了15天。各种不同的建议纷至沓来。在8月12日,专门成立了一个五人委员会共同对这些提议进行排列和分类。3天后,米拉波(Mirabeau)以委员会的名义拿出了一份草案,草案由19条组成,这19条是从20份不同的提议中提取出来的。8月18日,突然爆发了一场尖锐的冲突。第一份草案被搁置一旁,来自国民大会第六办公室的一份匿名提案被采纳了。又经过了其他一些使讨论变得有些棘手和混乱的事件之后,从8月20日到26日,人们对宣言进行了逐条讨论。24条渐渐被削减到17条。到8月26日,最后一条,即有关财产神圣不可侵犯的条文，也获得了通过。

当时有三个初步的问题必须要决定：首先，适不适合发表一份宣言；其次，如果适合，它是应该独立宣布，还是当作宪法的前提被宣布，如果是后者的话，是否要将宣言的事情延期；第三，如果独立宣布一份宣言的办法被采纳，是否应就像阿博特·格雷瓜尔（Abbot Gregoire）所要求的同时发表一份责任宣言。最后居中的建议胜出了，这是一个正确的决定。《宣言》作为一个独立文本获得了通过，且与将来的宪法保持了相当的距离。人们必须承认，《宣言》拥有自己的光荣历史。它是在"1789年原则"这一激动人心的标题下被载入青史的。

从条款前的序言中可以很清楚地看出，立宪大会的成员们都非常清楚自己正在做的事情具有多么重要的历史意义。序言论述了宣言之所以有必要，是因为"无视和蔑视人权是公众不幸和政府腐败的唯一原因"。最根本的条文是第二条，它明确地、直截了当地列举了这些权利：自由、财产、人身安全以及反抗压迫。

《宣言》一直以来不断地成为形式的和实质的批评（critiche formali e sostanziali）的靶子。就前者而言，发现《宣言》的矛盾与缺陷并不太难。首先，在四种被宣称的权利中，只有第一种即自由得到了定义，而且在第三条中被定义为"可以做任何不伤害他人的事情的权力（potere）"，这引出了紧跟着在下一条中所阐述的原则"法律有权禁止那些对社会有害的行为"。可是，在第五条中，自由又被含蓄地定义为做任何未被法令禁止的事情的权利（diritto），这是一个更为经典的定义，由此，自由被消极地阐释为"沉默法"（silentium legis），或者说是在必要的法令之外所留出的不管是消极还是积极的自由空间。与第一个定义不同，第二个定义是暗示性的，因为这里的文字将自己限制在一个曲折的表述中："凡未经法律禁止的行为即不得受到妨碍，而且任何人都不得被迫从事法律所未规定的行为。"这两个定义是有分歧的，因为前者将个体的自由定义在与其他个体的关系之中，后者则将个体的自由定义在与国家权力的关系之中。前者受限于其他人的权利不被损害，且反映了"勿妨害任何人"（neminem laedere）这一经典的"法的原则"（principium iuris）。后者则专门与过度的国家权力的可能性相关。事实上，前者与其说是自由的定义，还不如说是侵权的定义；后者确实是自由的定义，但只是消极的自由。积极的自由或说自治的自由在第六条中得到了含蓄的界定。该条规定：因为法律是全体意志的表达，故"所有公民都有权亲身或经由其代表去参与法律的制定"。

财产权无须定义，它只是在最后一条中被提及。该条建立了一个普遍的、绝对明显的法律原则，即财产权作为神圣不可侵犯的权利，不可以被限制，除非是出于公共利益的原因。人身安全权没有被定义，但在1793年宪法第八条中被定义了。在《宣言》的第七、八、九、十各条中，凡涉及个人安全相关问题之处都总结了与人身自由及人身保护权有关的普遍原则。在众多权利中，人身自由是历史上国家臣民们所要求的第一项权利，且赢得了对这项权利的保护。这可以追溯到英国《大宪章》，而《大宪章》通常被认为是各种权利法案的鼻祖。但人身自由的权利必须要与其他自然权利清楚地区别开：人身自由是建立在法律规则原理上的宪法国家的基础，而其他自然权利则是自由或受限制状态的前提。前者意在反对独断的权力，后者意在反对绝对的权力。权力越是绝对就越趋向于独断，但这一事实并不意味着从用以反对这两种权力的手段来看它们属于同一类问题。逐渐增加的对公民自由的认可，政治自由当然不在话下，而且还包括了超出对人身自由的保护以外的更进一步的成果，其中就有财产权，对它的保护甚至还早于对人身自由的保护。一直以来，财产都比人受到了更多的保护。在《宣言》中，根本没有必要专门拿出一条来宣称财产权是神圣不可侵犯的权利，因为即便是在专制国家里，财产也一直比人更神圣。对启蒙哲学家们来说最重要的问题之一是刑法改革，也就是说，是对人们所能享受的自由的程度有直接影响的法律的改革。

除了人身自由之外，《宣言》在极具争议的第九条中提出了宗教信仰自由，在第十条中提出了思想自由及出版自由。《宣言》中未涉及集会自由，更未提及结社自由，后者是有待实现的最后一项自由，它将为现代民主的多元社会提供保障。宣言中还有两条涉及财政权利和义务。第十六条宣称了一项奇怪的原则：对权利未加保障并对权力不加分化的社会是无宪法的社会。很明显，它受到了孟德斯鸠《论法的精神》中论述英国自由的著名章节的影响，但这也不能改变下述事实：无论从理论角度还是历史角度来看，这一表述都是无意义的。它混淆了"宪法"与"好宪法"之间的区别，甚至也混淆了"宪法"与"在特定历史情境中被认为是好的宪法"的区别。（不过，就连亚里士多德也把 politeia——即宪政——称为最好的政制形式。）

关于抵抗权，还有些话必须要说。在许多关于《宣言》的草案中，该项权利都被非常明确地提出来了。但鉴于《宣言》

第七条所说"每个根据法律而被传唤或被逮捕（appelé ou saisi）的公民应当立即服从，否则即构成抵抗罪"，抵抗权又变得不明确了。事实上，抵抗权与其他权利不同，它总是假设我们可以将之正当地称之为一种"权利"。但抵抗权不是基础权利，而是一种二级权利，对它的行使只能发生在基础权利——即自由、财产、人身安全——被侵犯之时。一旦基础权利不能为自己提供保护，为保护自己起见，人们只能行使抵抗权作为最后的手段，即非常手段（extrema ratio）。因此抵抗权自身不受保护，它的行使要自担风险。严格地讲，没有一个政府能做到这一点：政府权威扫地之时被激发的一项权利的行使可以由该政府所保障，因为那时国家与人民之间的关系不再是合法的，而是取决于事实的（de facto），并且是建立在强者所制定的规则的基础上的。法国立宪大会的成员们熟知这一矛盾，但正如乔治斯·勒费弗尔所解释的，将抵抗权写入《宣言》，是由于害怕贵族的再次攻击，并因此可以证明大革命后对旧制度的摧毁是正当的。

对诸项自然权利所做的实质批评，比形式批评更为严厉。这些实质批评分为两种类型。第一种类型的批评称这些权利缺乏意义，空洞、浅薄，因为它们抽象，因而它们所假设的因普遍适用而太过空泛。伯克，大革命的第一个对手，很快就表达了一项最严厉的批评："我们并没有被挖空，被在里面塞上些毫无价值的关于人权的肮脏的废纸，就像博物馆里填充了谷壳和破布的那些鸟类标本一样。"一个世纪之后，丹纳附和了他的观点，指责《宣言》中的条款"只是一些抽象的教条、形而上学的定义，以及或多或少具有文学意味的格言，因此多少是虚假的，有时模糊含混，有时自相矛盾，容易受各种解释以及各种相反解释的影响"。

颇为悖论的是,马克思以及马克思主义整个理论传统用以反对《宣言》的观点与前面那类批评截然相反。《宣言》中的那些条款,相对于其他自由而言,把某些自由抬得比自然权利应有的地位还要高,大力宣扬财产神圣不可侵犯,以至于财产权不是抽象的,而是——如果可以这么说的话——太具体了。这些条款不是普遍原则的清晰理论表述,而是一个特殊阶级利益的清晰理论表述。这个特殊阶级就是资产阶级,它正在准备取代封建阶级,掌握社会与国家的支配权。

但这两种批评都没有获得什么成功,也不会成功。权利也许看上去像一些抽象的公式,但正如米拉波所说,这些权利最初的阐述,实际上是一种极其具体的战争行为,它针对的是当时已经使人忍无可忍的旧制度的权力滥用。一个多世纪以后,萨尔韦米尼(Salvemini)响应了这一观点:"最初的宣言当然是抽象的、形而上学的,并且,在我们能否谈论人的'自然权利'这一问题上,是极具争议的。……但是,人们不应该为了追赶学究式的迂腐的潮流而批评宣言的措辞,并因此而无视它的精神。那些权利中的每一项……在当时都代表着对一系列令人不能忍受的权力滥用的废除,代表着与民族迫切需求的一致。"马克思主义者的批评,也不能理解这些权利的宣布的本质特征:宣言表达了限制国家所拥有的过度权力的需求,这一需求包含了一种普遍的价值,即便在当时看来它确乎只对资产阶级最为有利。人们只需要读一下有关人身自由的第一项条款就足够了:"除非在法律所规定的情况下,不得控告、逮捕或拘留任何人[这一条支持公民自由,即'不通过法律不可以惩罚'(nulla poena sine lege）的原则]。"而在那些轻视了这一原则的国家里所显现出的悲惨后果也是需要我们好好想想的，并且这一原则的普遍性一旦受到挑战，资产阶级与无产阶级会无一例外地受到影响。

另一种更为尖锐、更为严厉的批评涉及《宣言》这一文献的哲学基础：它是基于一个假设，即自然权利是存在的。但是，它真的存在么？这些权利主张，是在从格老秀斯（Grotius）到康德的两个世纪中自然法在哲学领域取得支配地位的直接结果。然而，19世纪所有的哲学主流，都攻击自然法的概念，尽管观点各有不同、出自不同的原因。他们一开始先驳倒自然法，然后以不同于人的原始本性的法律基础作为终结。

首次就自然法进行的逻辑连贯的哲学批评，不再像法国立宪大会的成员们那样纯粹是政治角度的批评，而是功利主义的。这一批评可以在边沁的《无政府主义的谬误》中看到，其批评是对权利这一本不存在的想象力产物的凶猛攻击，因为在边沁看来，法律是国家权威的产物。"造就了法律的不是真理而是权威。"然而，边沁所指的权威并非武力，因为存在一种客观的标准能够限制从而控制权威，它就是功利原则。这一原则曾为贝卡利亚（Beccaria）——他影响了边沁——在"最大多数的幸福"这一公式中表述过。历史主义对自然权利概念相当具有敌意。在法学历史主义学派更为严格的法律主义版本的批评看来，法律产生于人民精神，所有民族的人民精神。所以每个民族都有自己的法律，普遍法律的观念在术语上说根本是矛盾的。而在黑格尔哲学版本的批评（尽管他在考虑德国需要一部法典时是反对历史主义的）看来，自由与平等跟人的自然本性没什么关系，它们事实上是"历史意志的产物与结果"，而就它们仍是一种抽象而言，"没有可能使具体得以出现，甚至还会毁灭具体，而具体存在是国家组织、宪法和一般的政府"。

对自然法的否定最终在法律实证主义那里找到了它最尖锐的表达方式。从 19 世纪上半叶到二战结束，在法理学家中间，法律实证主义是最为流行的学说。汉斯·凯尔森（Hans Kelsen）与卡尔·施米特（Carl Schmitt），这两位 20 世纪上半叶最重要的德国法理学家就采取了此一立场，即使他们通常被认为代表着两种对于法律与政治的正反相对的观点。对于法律实证主义来说，人们所主张的自然权利仅仅是主观公权利，即反射自国家权力的权利。这些权利不能在国家诞生之前就对国家权力加以限制，事实上它们是国家强行限制自身的结果，至少就耶利内克（Jellinek）的著名学说而言是这样的。

毋庸置疑，对自然法所做的持续、反复的攻伐已然通过各种争论留下了它们的印记。今天已很难再像过去几个世纪那样，不经过理论上的修订或实践上的权宜操作就能支持自然权利了。人们可以轻易地说，除了实在法之外，没有其他法律，而无须再去驳斥导致自然法学说产生的种种需要了。那些自然法学说通过各种途径表达了修正、补充以及改变实在法的需求。通过将其看作"权利"，这些需求被赋予了额外的力量，尽管在术语的正确意义上讲，它们不是权利。因为对于法理学家来说，"权利"意味着一种主张，且存在一种在上的权力作为其保证，这种权力可以通过武力使反抗者屈服；这是一种集体的权力，不存在于自然法的倡导者们所假设的自然状态中。

尽管对于自然法存在各种批评，但对于人与公民权利的宣称不仅在实证主义法学的年代里持续进行，而且还不断扩大了它们的要求范围，涵盖了诸种所谓的社会权利，并且不断将抽象的人按照所有的可能进行专门分解：男人与女人、孩子与老人、健康人与病人。1789年《宣言》之后的权利法案的增殖使得1789年《宣言》中所提及的四项权利显得极为狭隘且完全不适当。

最后，各权利法案扩大了权利的有效性范围，从单个国家扩大到了国际体系的范围内。在二战的悲剧之后颁布的《联合国宪章》的前言这样表述道：从彼时起，"如果要避免人们将被迫反抗专政与压迫作为最后的手段"，人权就要从单个国家的外部、从超越单个国家的层面之上得到保护。三年后，《世界人权宣言》正式通过。通过这份宣言，世界上所有的人，在理想状态下，都成为了国际法的被管辖者，都获得了一个新的公民身份，即世界公民的身份，因此，都潜在地拥有要求实施其权利以反对他们自己国家的权利。在那本极好的小书《永久和平论》中，康德勾勒出了一个法律系统，该系统超越了内部公法与外部公法，康德称之为"世界公民权利"。这是一部未来的法律，它不应再去规范各个国家与其人民之间的或各个国家之间的法律，而应该去规范不同国家的公民之间的法律。这部法律，对康德来说，并不是"华丽思想的一种不切实际的表达"，而是在一个"世界上某一地区的侵权无所不在"的历史时期内，要追求永久和平所需要的必要条件之一。

法国大革命经历了褒扬与诅咒。它被评判为一桩既神圣又丑恶的事业。出于各种不同的理由，它既被证明为正义又被证明为不义。认为它正义，是因为它深刻地改变了欧洲社会，尽管伴随着暴力；认为它不义，是因为即使一个令人满意的结果也不能确证其手段的合法性，而如果其结果本身并不理想，或者尽管理想但没有达成，情况就更糟了。但无论怎样评价那些历史事件，《宣言》仍然是一个里程碑。就连富勒（Furet）——他的阐释与研究有助于人们意识到法国大革命的结束经历了相当长的时段——也承认"对于社会契约的重建最为显著的证明就是《人权宣言》"，因为它筑成了"人们共同生活的新道路的基础"。当时的领导者与同时期的人们自己也意识到了这一点。1789年8月8日，杜邦·德·内穆尔（Dupont de Nemours）说："这不是一个注定只能持续几天的权利宣言，这是为我们民族及其他民族的法律所赖以为据的法律，它一定会持续到时间的尽头。"1789年年末，彼得罗·维里（Pietro Verri）在《米兰公报》（*Gazzetta di Milano*）中写道："法兰西的思想为其他民族树立了典范。人权被竖立在阿尔卑斯山上，被竖立在低地国家的沼泽中以及英格兰岛上了，而人权体系在其他王国中却没有什么影响。如今启蒙之光落户在欧洲的心脏，它不能干预其他政府，却能对其造成影响。"

在文章开头，我曾说过，早于1789年《宣言》，美国也有一份宣言。确实如此，然而，在超过一个世纪的时间范围内，为人们争取自身的自由而构成一种不间断的灵感与理想之源的却是1789年精神。与此同时，它也成为所有教派、学派的反动分子们嘲笑与蔑视的主要对象，他们嘲笑："正义、友爱、平等和自由，是对法国大革命的夸张的不实之词的神化。"但1789年的历史意义在托克维尔那里也不可避免地得到了肯定，尽管他是第一位拒绝从大革命本身出发去进行评价的大历史学家，他说:"这个制定了《宣言》的时期是一个青春热情、大胆豪迈、慷慨真诚的时代。尽管它犯下了各种错误,但人们会永远怀念它。而且在一段时间内,它将使那些妄图奴役和侵害他人的人不得安眠。"

在众多反对革命的文献中,有一份是庇护六世(Pio VI)——他在世时期正与大革命同时——所写,他将思想与出版的自由权利称作"从所有人的平等与自由中推论出的荒谬畸形的权利",他阐释说:"人们再想不出比在我们中间建立起这样的平等与自由更为无聊的事来了"。然而,大约两个世纪之后,为纪念《世界人权宣言》发表 30 周年,教皇约翰·保罗二世(Giovanni Paolo II)特意给联合国秘书长发来贺信,借此机会表达了"对基本人权——在福音书的教导中我们可以清晰地看到对它的表述——"的持续不断的兴趣与关注。还有什么比它更能证明《宣言》这一文本的漫长历史就是不断取得胜利的征程呢?人们若是撇开无聊而又枯燥乏味的宗派主义,这一胜利看上去已趋向于使世俗的理性主义思想的最高表达之一与基督思想熔铸于一炉了。

康德与法国大革命

Kant e la Rivoluzione francese

一直支配着世界历史的盲目的权力意志已经拥有了将意志强加于人的超常手段，在这样的时代里，再清楚不过的是：学者的任务再也无法脱离"责任"（responsabilità）的全新意义了——而这里的"责任"是在该词的双重意义上说的。负责任一方面意味着你要意识到你的行为后果，另一方面则意味着你要在你的追随者面前为你的行为负责。换言之，你应该既避免在有良好意图的纯理论中寻找庇护所（"做你必须要做的事，让将要发生的去发生"），又要避免将自己封闭在象牙塔里（"我鄙视你竖琴上的乐声，它妨碍我倾听正义的声音"）。

　　当我们的知识已经增加，且以狂野的速度继续增加时，我们对于"我们是谁""我们要到哪里去"等问题就越发难以理解。但同时，考虑到威胁着我们的无数异常的危险，这个问题也日益重要。一方面是要综合把握住问题——为避免空前的大灾难而不得不解决的那些问题——关键所在的迫切需要，一方面则是对所有问题给出明智解答却日益困难，因为这些解答须使我们获得整体视角以保证人类的和平祥和的发展——这两个方面的强烈反差是我们时代的一个悖论。学者们尤其被期待着运用他们或她们特有的清理能力和解决问题的才智去驳斥产生于不可控制的激情与殊死利益冲突之中的理性，但他们或她们无疑面临着种种困境——原因之一即前述的那个悖论。

　　在我最近一次演讲的结尾，我认为通过对历史含混性的讨论我可以说明理性人（dell'uomo di ragione）的这种"不适"。我没有使用"知识分子"（intellettuale）这个词，这个词已因过度滥用且有时误用而词义耗损殆尽，而人们又太过经常地把寻找引导人离开迷宫的阿里阿德涅之线那种武断而不可能完成的任务托付于他。① 撇开各种表象不谈，历史总是模棱两可的，因为根据发问人与发问环境的不同，对历史会给出不同的答案。但今天，随着进步观念的减轻以及神话的消失，历史比以前更加模棱两可了。一个世纪以来占统治地位的两种解释是黑格尔与尼采的解释。前者充满乐观，它将历史理解为自由观念的不断实现（黑格尔派的历史观认为——显然马克思主义也是——，历史是由必然王国向自由王国的转化）。后者是悲观的，它认为人类社会正在走向虚无主义的时代。今天，没有人会冒险去猜测或打赌这两种解释中的哪一种会注定实现，他们也看不到这样做有什么必要。人类世界要么走向普遍的和平，就像康德所预言的那样；要么走向毁灭的战争。因此，"种族灭绝"一词被创造出来，以与和平主义——这是相信进步的世纪理想之一——形成对照。世界要么通过持续不断地扩大个人、阶级以及民族解放的范围，从而逐渐通向自由王国，要么就像奥威尔所描述的正在走向"老大哥"的王国。

然而在更一般的层面上来说，人们是否有必要自问一声

---

① 《和平有未来么？》（*La pace ha un futuro?*）这篇演讲发表于1987年11月18—20日在卢加诺（Città di Lugano）举行的"和平的未来与未来的暴力"国际研讨会上，并收入《缺席的第三方》（*Il Terzo assente*, Torino: Edizioni Sonda, 1989）第188-194页。

"历史意味着什么",向自己提出历史意味着什么这个问题,也意味着确信历史发展中有一种意向性,也必须把这种意向性理解为通向某个目的的自觉方向。对于这个关于历史目的的问题的一切回答,都必然涉及去探寻由某种天意、理性、自然或宇宙精神等等所预先设立的计划。但没人再愿意相信从一个普遍原因中得出答案,因为当代思想是如此的支离破碎,在普遍观念面前如此的缺乏自信,而且在我看来尤其还因为,当代思想是如此惮于让自身沾染上太过综合的那些概念。确信历史中有一种意向性,只可能是使历史人性化的方法中的一种,这种方法将人类的才能与力量归之于一个实体——比方说人性或普遍理性,而它们又有别于个体的人,用康德的话说,它们是由一种类推法推知的,虽然这种类推不能保证其精确性,但却能允许一种纯然推测性的历史的重建。然而,一种只是从种种迹象而非被证实了的历史事实中推导出来的完全臆测的历史,就像康德所意识到的那样,将会像"勾勒一部小说的情节"或"想象力的一种简单的消遣"。但这也并非是说完全不可能推测历史的过程,只要人们充分认识到:尽管猜想能够填补我们历史文献中远因与近效之间的鸿沟,但重建人类的全部历史只可能是一种想象,因而也是徒劳的。①

对康德来说,预示性的历史不同于臆测的历史,它有一个也许更具雄心的企图,即在人类历史的发展中发现一种趋势,不管这种趋势是保持静止、是不断恶化、还是不断提高(众所

---

① 康德:《人类历史起源臆测》(*Mutmasslicher Anfang der Menschengeschichte*,1786)。意大利文译本载于《政治著作集》,前引,第 195 页。

周知，在康德看来，正确答案是后者）。但是，与臆测的历史一样，预示性的历史也不认为自己就十分精确。与历史学家的实证历史不同，哲学家的预示性的历史并非通过众多原因展开，就如一个结果连接着它的原因——除了中间有些空隙需要猜测去填补——的不间断的链条那样，而是在某个不同寻常的事件中力图去发现人类整体发展趋势中的一个线索、一种标示、一个符号［示意、指示、预示（signum rememorativum, demonstrativum, prognosticum）］。① 只有预示性的（或说哲学的）历史才能够挑战——如果不能完全解决的话——那种历史发展中的两歧性，并对"人类是否正在朝着某种更好的东西不断前进"这一问题给出答案，而实证的历史则做不到这一点，即使用臆测的历史来丰富自己也做不到。

预示性的历史能够预示未来，却无法预言未来。预言是猜想的历史学的任务，其命题是程式化的，在条件与结果之间被固定为"如果……那么……"的形式，但这种预言却无法确定必定会导致某种结果的那些条件是否会发生。而与之不同的是，那不同寻常的事件——它正是预示性历史的起点——却是实际已经发生的。被选择的非同寻常的事件如果无意义，这种历史就会变得可疑，因为所选事件影响着预示的可信性。

康德在选择可以显示出人类在迈向一个更好的世界的事件时是否正确，我们可以暂且存而不论。今天，值此法国大革命

---

①康德：《重提这个问题：人类是在不断朝着改善前进吗？》（*Ob das menschliche Geschlecht im beständigen Fortschreiten zum Besseren sei？* 1797）。意大利文译本载于《政治著作集》，前引，第 218 页。

两百周年之际，在围绕200年前的这个事件所发生的日益强烈的骚动（这骚动才刚刚开始）中，我们最看重的是，这位当时最伟大的哲学家选择了法国大革命，视之为那个不同寻常的事件，视之为一种"示意"（signum rememorativum），并从中得出有关人类未来的预示。

康德关于法国大革命的著名作品被发现于他最后一批著述之中。这批著作出版于1798年，当时，那个曾震撼了世界并害得国王丢了脑袋的暴风雨般的年代已然远去。那篇名为《重提这个问题：人类是在不断朝着改善前进么?》的文章，是《系科之争》一书的第二部分。《系科之争》讨论了哲学科系的冲突，康德虽将哲学能力视为批判精神，但也预见到哲学科系也可能服务于反动，并且将之与大革命的那些自鸣得意的敌人联系在一起。就像一位学术权威曾评论道的那样："康德对于人类社会不断进步的信念，对于深刻的历史理性的信念，以及对于自由、和平、正义最终必将胜利的信念，从未动摇过——即便是在法国的大混乱之后，即便是在持续不断的战争、法学家与政治家们煽动起来的广为传播的厌世主义之后。在他看来，只有哲学家能够理解历史的声音，能够测量人类发展的程度，能够瞥见事件的未来进程，并能够指明民主改革与政治改革的前进之路。"① 康德这篇文章被看作是为大革命所做的辩护，因而遭到抵制，只能在弗里德里希·威廉二世（Frederick William II）死后（1797）出版限制松动的环境中才得以出版。

---

①马蒂厄（V. Mathieu）：《历史说明》（Nota storica），此文乃马蒂厄为康德《政治著作集》（前引）所撰写的导言，见该书第87页。

这个著作中有一节的标题为"我们时代的一个证明人类道德倾向的事件"。这一事件是"一个天才的民族的这场革命",而且尽管它产生了那么多的悲惨与残忍,以至于可以让任何一个正直的人不敢再尝试一次这样的经历,但它却影响了所有观察者的精神,使他们从这场革命的热望中分享到一类近乎是热诚的感情。这种感情被定义为"人们借以投入到善行之中的那种激情或热诚",这种感情"从来只指向理想的东西,尤其是真正纯粹道德的东西"。而这种感情无非出自"人类自身的道德倾向"。①

康德此文的中心点——也是我想要提醒大家注意的一点——就是,在一个民族的自然权利的确证之中,这种道德倾向表明任何其他强力都无法阻挡它去建立一部它认为好的公民宪法。对康德来说,这样一部宪法只能是共和主义的宪法,只有这样才能避免战争原则。他确信大革命的力量与美德在于,一个民族在与单个个人的自然权利的这种和谐中去自由地建立其自身的宪法的权利,也是因此,服从法律的人们才必然投身于法律的制定当中。从前那种属于贵族与武士阶级的荣誉在那些武装了对民族权利的憧憬的人们到来之时走向了破灭。

这些思想中的一部分,在康德的两篇早期著作——《世界公民观点之下的普遍历史观念》与《永久和平论》——中曾表达得更为充分。前一篇写于1784年,也就是发生大革命的前几年,但在当时没有引起注意,就连那些知道并评论了后一篇的人,如黑格尔与费希特,也没有注意到它。就像康德所有的其他关于历史哲学的著作一样,这篇文章遭到了历史主义者们的反对。从狄尔

---

① 《政治著作集》,前引,第219页。

泰（Dilthey）到梅尼克（Meinecke），他们都认为：将历史视作一种模式，或目的论式的历史观，乃是启蒙运动中反历史的哲学的残余。直到本世纪初，才有一些受康德影响的社会主义哲学家腾出手来重新评价这些著作。① 批评围绕着三个问题展开：历史哲学是否是一门合法的学科；康德历史哲学的"固有疑难"（aporie proprie）；这些著作与康德其他著作的相容程度。但人们往往忽视了这篇文字的中心主题，即人类历史趋向于在世界范围内确立的法律秩序。这一主题可能曾被黑格尔嘲笑过，但它却从未像今天这样关系重大。这个关于世界公民社会的主题——关键词"世界公民"（Weltbürgertum）将这一主题表达得很好——起源于斯多葛派学者，而康德又对其加以改造，使之从一个自然主义的概念改变为一个历史目的论的概念。

康德深知这一事实：刺激进步的是冲突而非和平。然而，他还意识到一点：相互对抗变得极为有害。对冲突来说，要求有某种形式的自律，即使是在一种世界公民法律中，也是这样。在各主权国之间连绵不断的战争时期，他清晰地观察到现存国家的"野蛮的自由"，"通过战争，通过极度紧张、永不松弛的战备活动，通过每个国家因此而来的哪怕是在和平时期也必定会在其内部感受到的那种缺匮，他们被驱使去进行最初的、不完美的种种尝试。最终，在经过了许多次的破坏、倾覆，甚至是其内部力量的彻底的精疲力竭之后，他们将采取即使是没有

---

① 我从莫里（M. Mori）的《康德主义历史哲学研究》（Studi sulla filosofia kantiana della storia）一文中了解到有关康德历史哲学著作的多变命运的信息，该文载于《哲学学报》（Rivista di filosofia, LXX, 1979）第 115–146 页。

如此之多的惨痛经验，理性也会告诉他们的那一步骤，即脱离野蛮人没有法律的状态而走向各民族的联盟"①。

即使是康德历史哲学的批评家们也没有注意到**世界公民社会**的概念在《永久和平论》（1795）中有了进一步的发展。根据这一概念，每个人都潜在地不是某个单独国家的公民，而是世界公民。这篇文章里被研究得最少的一个问题是，在更为传统的内部公法与外部公法之外，康德引入了被他称为世界公民法（ius cosmopoliticum）的第三个法律范畴。众所周知，他所构想的永久性和平条约由三项具有决定性的条款组成。第一项条款声称，每个国家的公民体制都必须是共和制，这属于内部公法的范围。第二项条款声称，国际法应该以自由国家的联盟为基础，这属于外部公法的范围。然而，康德的第三项决定性条款说："世界公民权利将限于以普遍的友好为其条件。"②

为什么康德感到有必要在内部公法与外部公法两种传统形式之外，再加上第三种形式的公法呢？原因在于，他感觉到人们不仅应该考虑一个国家与其公民以及国家与其他国家的关系，还应当顾及每个单独的国家与其他国家的公民以及随之而来的一个公民与自己国家之外的国家的关系。就第一种关系而言，它意味着一种友好待人的责任，或者说外国人所拥有的进

---

① 康德：《世界公民观点之下的普遍历史观念》（*Idee zu einer allgemeinen Geschichte in weltbürgerlicher Absicht*），意大利文译本载于《政治著作集》，前引，第133页。

② 康德：《永久和平论》（*Zum ewigen Frieden*），意大利文译本载于《政治著作集》，前引，第302页。

入别国而不被敌视地对待的权利（因为康德强调它是一种权利，而不仅仅是一种博爱的责任）。就第二种权利而言，它意味着"一种访问权利，因为所有人凭着人们共同占有地球表面的权利都有权出现在其他人的社会中。因为地球是一个球面，他们不能被驱散到未知的区域中，而必须容忍彼此的存在"。从这两项世界公民权利中又衍生出了两项国家责任：第一项，国家有责任允许一个外国公民进入自己的领土，因此我们谴责巴巴里海岸的居民，他们俘获在那里登陆的船只，并奴役其船员及乘客；第二项，客人有责任不去利用主人的好客而将参访变为征服，因此，我们谴责那些欧洲的商业国家，他们以建立贸易站点为借口，派遣军队去压迫那些外国的土著居民。（也许值得一提的是，黑格尔曾嘲笑康德关于永久和平的梦想，而去证明殖民扩张的合法性。）

康德所指出的外国公民拥有的访问权利与被访国家负有的友好接待的责任之间的相互关系，为如下一项权利指明了道路：每个人都不仅是自己国家的公民，而且是整个世界的公民。此外，康德将整个地球描述为一个潜在的世界城市，它是一个世界公民社会。① 康德一旦成功论证了最后一种类型的关系——即

---

① 我关注到康德的"世界公民法"这一主题，并将其视作是对人类法律发展的一个新阶段予以介绍，是受阿尔基布吉（D. Archibugi）两篇文章的启发，即《永久和平计划中的民主》[*La democrazia nei progetti di pace perpetua*，载于《政治理论》（*Teoria politica*, VI, 1990, n. I）第 122 页以下] 与《永久和平的乌托邦》[*Le utopie della pace perpetua*，载于《国际通讯》（*Lettera internazionale*, v, n. 22, autunno 1989）第 58 - 59 页]。

国家与别国个人的关系，而不仅仅是个人之间的、国家与本国的个人之间的以及国家与别国之间的关系——，便在文章的最后描述了他的全部法律体系，也完整地描述了法律的历史。法律的这一第四阶段亦即最后一个阶段，涉及一个综合法律体系的建立，这一体系以个人与个人之间的法律——就像在自然状态当中一样，没有法律，只有私人之间的法律——为基础，还包括内部公法所管辖的公民国家、外部公法所管辖的国际秩序。康德没有将世界主义的权利——它将是权利发展的最后阶段——认作是荒谬思想的产物，因为"地球上的各民族已进入一种综合的共同体中，它已发展到这样的地步，以至于地球上某一处的侵权，会在所有地方被感觉到"，这样一来，世界公民权利就是"对国家权利与国际权利的不成文法典所做的一项必要补充。唯有在这种条件下，我们才可以自诩为在不断地趋近于永久和平"。①

1948年12月10日通过的《世界人权宣言》已经为在国际法中给予个人——不仅仅是国家——以法律承认打下了基础，因此，《宣言》开启了一种面向新阶段的转变，即从世界所有民族的权利向着所有独立个人的权利的转变。这一点已是无可争议的了。为了酬谢康德的贡献，也许我们应将这种新的国际法阶段称作"世界公民法阶段"。

在关于永久和平的著作中，康德并未提及法国大革命。只有在我开头提到的那本他的最后著作中，他重提了在民族创建属于其自身的法律这一权利的基础上形成公民宪法（而公民宪法又是永久消除战争的唯一基础）的问题，正是在这里，他才

---

①康德：《永久和平论》，载于《政治著作集》，前引，第305页。

将法国发生的这一伟大事件看作是历史的预示——一个新的世界秩序的征兆。

这位当时最伟大的哲学家所给出的这一阐释，在庆祝法国大革命的众多方式中，是值得拥有一席之地的，尤其是当他的阐释是唯一一个能保存这一事件的永恒价值，且超出只见树木不见森林的历史争论之时。

当面对历史的含混性时，我也相信，通向更美好世界的、可靠的运动所拥有的征兆之一——或竟是唯一的征兆——就是知识阶层对人权日益增长的兴趣，以及为争取人权得到更广泛的认可与更有效的保护而做的国际呼吁。

一种预示性的征兆并不构成证明。因此，我们不能只做被动的旁观者，我们不能用自己的被动去鼓励那些声称"世界总是在重复过去"的人。他们这种态度，就像康德说的，是在"致力于证明他们自己的预言"——世界总是在重复过去的预言。① 而懒惰将付出巨大的代价！

---

①康德：《重提这个问题：人类是在不断朝着改善前进吗？》，载于《政治著作集》，前引，第234页。最后，关于康德与法国大革命的关系，请参看罗索（C. Rosso）：《康德与一场而多元的法国大革命》（*Kant e la rivoluzione francese. Molte rivoluzione in una*），载于《大学之母：博洛尼亚大学学报》（*Alma Mater Studiorum, Rivista scientifica dell'Università di Bologna*），第2卷（1989年）第2期，第65-76页，尤其有趣的是洛苏尔多（D. Losurdo）的《康德政治思想中的自我审查与妥协》一书（*Autocensura e compromesso nel pensiero politico di Kant*, Napoli：Bibliopolis, 1983）。

第三部分

Parte terza

反抗压迫,在今天

La resistenza all'oppressione, oggi

1. 政治理论从头到尾只关乎一个难题，此即权力难题：权力之由以得、权力之何以失、权力之运用，一方如何维持权力，而另一方又如何保护自身免受权力侵害。而这同一个难题又可从两个视角得到考量：这两个视角甚至是完全对立的——*ex parte principis o ex parte populi*（**自上而下的，或自下而上的**）。用两类典型来打比方：马基雅维利或卢梭；国家理性理论，或自然权利及制宪主义理论；从兰克到梅尼克、早期马克斯·韦伯的国家权力理论，**或**人民主权理论；少数政治阶层不可避免地行使统治的理论，或从马克思主义到列宁的无产阶级专政的理论。持有第一种视角的人是这样的：他们自认为是君主的指导者，努力或显得努力地以国家事务为己任，以现有的国家名义说话；而持有第二种主张的则是这样一些人，他们是人民或群众的捍卫者，这里的人民和群众往往被构想为一个被压迫民族或一个被剥削的阶级，这些捍卫者以反国家的或将出现的国家的名义说话。从第一种视角出发强调服从的义务的政治思想与从第二种视角出发强调**反抗**的权利（或革命的权利）的政治思想，两条线索贯穿着全部政治思想史。

这篇导论仅仅要评估我们的如下论证：当我们面对反抗压迫的问题时我们所秉持的应是第二种而非第一种视角。

无疑，随着遍地开花的"抗议"运动的突然爆发，对压迫进行反抗这一老问题又再次出现了。但是我不太清楚是否有人对"抗议"与"反抗"这两个现象之间的差异进行过分析。在近期的一篇文章中,乔治·拉瓦对抗议现象做了一次很有意思的考察,试图澄清"抗议"现象的特性,尤其是"抗议"现象相对于法律对抗、革命所具有的独特性质。但此文未触及抗议与反抗的区别的问题。① 在我看来,这一问题值得探讨,就是因为如此众多的作为反抗的抗议活动,既可归属于不受法律制约的对抗形式(就其运作方式而言),又可归属于取消合法性的对抗形式(就其终极目的而言)。

我认为,在这个问题上,要把握这两个现象之间的差异,一开始最方便的做法仍然是看一看它们各自对应的对立面:反抗的反面是服从,抗议的反面是接受。

一般的法学学说往往(受晚近哈特理论的影响)聚焦于对某一规范或某整体秩序的服从——这种服从可以是消极态度的(可以是机械的、纯然习惯性的、模仿性的)——与对某一规范或某整体秩序的接受——这种接受即便不涉及认可判断、不涉及主动倾向于运用某标准或一些标准来指导自己的行为并对不服从者的行为作出谴责,也是一种积极的接受——之间的差异。作为服从的反面,反抗包括打破既有秩序的所有行为,这种行为把自然产生的制度置于危机之中,比如一场骚乱、一场叛乱、一场武装反抗、一场暴动所造成的情况;它把制度置于危机之中,而未必对之提出质疑。

作为接受的反面,抗议与其说与动乱行为相关,不如说与

---

① G. 拉瓦(G. Lavau):《政治抗议》(*La contestazione politica*),载于《穆利诺》(*Il Mulino*, XX, n. 214),3—4月号,1971,第 195 - 217 页。

批评性的态度相关,这种批评性态度对既有秩序提出质疑,而不一定使之处于危机之中。拉瓦正确地指出,抗议"超出了政治子系统的范围,其抗议目标不仅是规范秩序,而且是保证着政治子系统深层合法性的一般文化模式(文化系统)"①。实际上,反抗本质上呈现为一种实践行动,同时也是一种示威行动(比如黑人坐在了给白人预留的桌边);所以,抗议通过批评性话语、语言性抗辩、口号的提出来表达自身。(并非偶然的是,保守态度借以呈现自身的合适场合是集会,集会作为一个场所只适合言辞而不适合行动。)当然,实际上差别也未必如此截然:就具体情况而言,抗议止于何处而反抗又始于何处是很难讲的。重要之处是,在这里可以指出两种极限情况,一种是没有抗议的反抗(如饥饿的农民占领土地),另一种则是无任何可称为反抗的颠覆行动与之相伴随的抗议(如占领大学教室,这当然是一种抗议活动,但不一定总是只有大学生抗议运动采取的典型行动)。尽管反抗不一定是暴力的,但可能发展为动用暴力,也并非与暴力不相兼容。而抗议的暴力仅仅是意识形态的。

受到反抗这一问题的新兴旨趣的驱动——这一驱动也是本次会议的基础——,我在文章中试图:(a)强调这种复兴的历史原因(本文第2,3,4节);(b)指出过去反抗问题的出现和今日反抗问题的出现的区别因素(第5,6节)。如我给此文加的标题所示,本文要回答的两个问题是:在今天,反抗的原因是什么?以及,在今天,反抗的方式是什么?在本文的结尾,我将对今日反抗的种种形式加以评论(第7节)。

---

① 同上,第202页。

2. 法国大革命所生成的那些政治文献的有效性渐渐熄灭之后,在漫长的 19 世纪里,反抗的权利这一问题的意义也失去了大半。我可以就其衰落给出两个原因——意识形态原因和制度原因。

19 世纪政治意识形态中有一个迄今远未充分引起注意的政治意识形态,它是这样一种信念:相信国家自然消亡。这一观念最终在黑格尔那里获得了最成熟的表达,丰富了霍布斯、卢梭、康德等伟大的现代政治哲学家对这一思想的表述:国家是理性——"自在且自为的理性"——统治在历史中的实现,而就在晚近的一个世纪里,所有伟大的政治运动潮流都走向相反的方向,社会开始与国家相对立,人们不是在国家当中,而是在社会当中发现了趋向于解放和趋向于历史进步的力量,而在国家当中人们所能发现的不过是人支配人的行将消亡的古代残余形式。(国家的)这种衰落——它是社会中发生的深刻变革的典型表现,反映着伴随工业社会的成熟的那种普遍社会观念和历史进步观以及这样一种思想,即人不应被人为的政治法则所支配,而应受到经济的自然法则的规导——大体上有三个版本的理解方式:一种是斯宾塞的放任自流主义版本,认为国家诞生于军事社会并因之而得到加强,但随着这种社会发展为工业社会,国家原有职能也将基本丧失;一为马克思—恩格斯的社会主义版本,认为资产阶级国家至今虽然毕竟仍旧存在,但它必将采取一种专政形式,以便杜绝其他未来的国家形式;一为从葛德文到蒲鲁东、再到巴枯宁的自由主义版本,认为政治制度以权力行使为其典型特征,不同于霍布斯到黑格尔这些现代国家学说伟大理论家对国家的认识的是，国家不仅根本无法保护人免受野蛮的自然状态或资产阶级社会的非理性的威胁，而且已经败坏了，实际上对人是有害的，必将烟消云散，无人留恋。

在以下场合，权力集中将达到最大化：当垄断高压权力——更确切地说就是政治权力——的人，也同时垄断经济权力和意识形态权力的时候（在教会国家中，通过与教会高层结盟的方式，而在现代，则是通过与支配性政党结盟的方式）；当主权者——就像还是由霍布斯的范式性理论指出过的那样——既掌握着imperium（政府）和dominium（所有权）以及potestas spiritualis（精神权力）的时候，而所谓精神权力是指向所有派系（无论是世俗的还是宗教的派系）的臣民要求服从的权力。

19世纪流行的国家逐渐消亡的幻觉所根源的信念首先来自科学革新和科学革命，继而来自工业革命。换言之，来自宗教统一性不断被打破以及文化世俗化的进程，并且来自于独立的企业家阶级的形成（而这两个现象或者彼此相关，也或者彼此没有关联），这两种现象也引发了权力的去集中化以及意识形态－宗教权力的去垄断化两个平行的进程，该进程的合法性担保确立在宗教自由和随后思想自由的要求之中，也同样确立在经济权力的去垄断化之中，而经济权力的去垄断化就体现为对经济主动性自由的法律承认。国家仅保留了对高压权力的垄断，在万不得已的情况下，才动用这种权力，作为最后一招来压制思想的竞争和利益的对抗。市民社会反制国家，这种提法尽管阐释的方向不尽相同——有自由主义的阐释与放任自流主义的阐释并存，而科学社会主义的阐释同乌托邦社会主义的阐释相互交锋——但确乎是一个通行的思想。

3. 从制度角度来看，在最近一个世纪以来，那些最发达的国家被逐渐建成为自由和民主的国家，其典型特征就体现在它能不断地对新兴中产阶级要求把传统权力关进笼子并加以限定的各类呼声予以承认并纳入监管。因为这些要求总是以反抗或革命的权利的名义被提出来的，所以自由民主的国家所由以建成的过程可以说是名副其实的反抗和革命的权利的"制度化（costituzionalizzazione）"过程。造成这一结果的这些制度也可能不同，这取决于权力衰落据信所由发生的两种传统路径：权力行使中存在的滥用现象（滥权的暴君，*tyrannus quoad exercitium*），以及缺乏立法（没有名分的暴君，*tyrannus absque titulo*）都能造成权力的衰落。正如我曾在别处澄清过的那样，这一差别可以更进一步地通过诉诸合法性和正当性这两个概念间的区别得到说明，尽管这两个概念一直以来也未被很好地区分。①

矫正权力滥用的手段的制度化需要借助两种典型制度，一是分权，一是使所有政府权力受到管辖，既受到立法机关权力的管辖，又受到法的管辖（此即所谓"立宪主义"）。这里所说的分权意义较为宽泛，不仅是一般意义上国家行政层面的国家主要职能部间的垂直分权，而且也包括具有各种自治形式的核心与边缘实体之间的平行分化，这种分化可以发展为政治-

---

① N. 博比奥（N. Bobbio）：《正当性原则》（*Sul principio di legittimità*，1964），载于《权利的一般理论研究》（*Studi per una teoria generale del diritto*，Torino：Giappichelli, 1970），第 79–93 页。

行政的去中心化，也可以发展为联邦主义。第二种进程源自最近一个世纪所有政治理论的关键的、支配性的议题，那就是依法统治，也就是说国家应使所有权力在法律规则的框架内得到行使，这一框架即便尚为国家留有自由裁量权和决断权的余地，但国家实质上仍受这一框架的节制和指导。这一进程对应着通过理性和法律权力——本质上是非个人的权力——对建立在个人和财产关系基础上的传统权力的改造的进程，这一点已由马克斯·韦伯非常详尽地论述过了。我认为有一个事实尚未引起注意，即这种类型的国家的相关理论中最为成熟的当属凯尔森的法律制度等级学说。撇开其论断是否适用于一切时代和地点不谈，这种法律制度动态观确乎反映了国家权力的法制化进程，这一进程在韦伯那里也被描述为传统权力向法律权力过渡的历史过程。

针对以各种形式的对合法权力的侵占为目的的要求——对这些要求进行非合法化才使我们今天能得以言说——，我认为，这些矫正办法的绝大多数都可以通过体现了民主国家观念的基本特征的两种制度而得到理解（这两种制度是最早的两种矫正办法，它们都针对的是权力的滥用，更体现了自由主义观念的典型特征）。第一种制度是对反对派加以制度化层面的认可，不仅认可了反对性力量的形成，而且也使之成为可能，但也规定这种反对力量必须受所谓游戏规则的限制，而在这种条件中的对立面是真正意义上的反对力量，可以被视为——即便这么说多少有点悖论——被**合法化**了的权力侵占。第二种制度是人民为统治者授权以及人民对这种授权的定期检查，其途径就是从有限的人民选举权渐进式地扩展至程度最大的男女平权的普选权：普选制度可以被理解为这样一种手段，人民推翻政府的权力通过它而被制度化了，即便这种力量在这里是被纳入既有法律框架内的，但毕竟这种权力从来都是排他性地预留给革命这一事实的（在这里事实是：革命成为了法律，或者说，革命依据自然法则、自然权利的模式而具有正能量）。

4. 我们重新对反抗问题产生兴趣取决于这样一个事实，即有关制度的意识形态规划开始走向反面，与19世纪民主和自由的国家赖以成就的那种政治观念和政治实践背道而驰。

我们知道几件事情：（a）与自由主义者们所相信的那种进化论法则的绝对有效性不同的是，工业社会的发展并未使国家职能减少，相反却使国家的职能变得愈发繁复；（b）在发生了社会主义革命的那些国家里，国家消亡这尊女神暂被束之高阁；（c）自由主义理念仍然流行于社会乌托邦主义者们组成的小团体当中，但这些理念没有变成现实的政治运动。近些年来马克斯·韦伯的著作引起了广泛的关注，这也是因为，尽管保守主义者通常从宗教当中汲取灵感，但韦伯却是一位杰出的、清醒的现实主义的保守主义者，他看到了伴随着工业社会的发展，集体化了的国家中的企业家阶级和公务员阶级联手推动了官僚机器统治时代的到来，这一趋势来势汹汹且不可避免；国家并没有削弱，而是得到了加强。

从制度的角度来看，我们时代的典型特征是出现了这样一种过程——不仅很自然地出现在集体经济的国家，也出现在资本主义国家——，它与我们曾说的经济权力和意识形态权力的非垄断化过程背道而驰。换言之，这种过程一方面借助企业和银行的集中化而使经济权力再垄断化，另一方面也因规模巨大的群众性政党的形成而使意识形态权力再垄断化，最严重的就是独一政党大权在握，其权力甚至比过去绝对主义君主所拥有的权力还要大（成了名副其实的"新君主"），为奴役它的臣民制定好与坏的标准，并——在资本主义国家里——通过制造舆论的手段去控制经济权力。

20世纪的法律-制度方面的错觉源于一种信念，即认为政治制度是自足的，因而相对于整个社会体系享有某种程度的独立性，或者说政治制度本身就是支配性的体系，因而要控制整个社会的权力体系，只需找到矫正政治制度的办法就可以了。可是今天我们日益意识到，政治制度乃是整体体系当中的一个子系统，前者的控制办法并不能适用于对后者的控制。在前面的段落，我们已经提到了四种矫正办法，其中最关键的应该是第四种，即自下而上的、来自每个人力量的矫正，也就是民主参与，其基础是一致同意，最接近于卢梭主义自由之为自治的理念的实现，在近来最引人注目的各种抗议活动中我们可以看到这个理念获得了它最为尖锐的愤怒的形式。

可是与卢梭所期望的民主不同的是，实际的民主国家里的群众参与却因以下三个理由而处在真正的危机之中：（a）群众参与的最好结果就是形成议会多数的意志，但在发达资本主义国家里，议会已不再是最高权力中心，而成了别处做出的决定的誊写室；（b）即便议会仍旧是实际权力部门，参与或多或少还是要受到漫长的议会间隔期的限制，而这又使一个倾向于自我保护并逐步减少其代表的政治阶级获得合法性；（c）即便在没有政治代表的直接参与的严格选举框架之内，选举还是会被强大的宗教、党派和工会等组织所操纵。民主参与应该有效、直接、自由；但是即便在具有发达的民主制度的国家里的人民参与，却既不有效，也不直接，更不自由。群众参与之所以失败，除了以上三种原因之外，还有一个造成这一危机的最严重的原因，那就是政治冷漠。在大规模政党机器支配的国家里群众的非政治化现象中往往可以看到这种失败的现象。卢梭的民主，如果没有参与，那就等于零。

但这并不是说不存在重新激活参与并使之更为有效地运作的补救方案了。**针对** a，在传统议会政府机构之外，应再设民众决策的职能机构（即所谓的咨议式民主）；**针对** b，应形成直接的或股东大会式民主（这是近来抗议活动中最集中的议题之一）；**针对** c，应让群众支配信息和宣传手段，等等。但也就是在这一点当中，出现了更为激进的方案，该方案突破了民众参与的界线，再度唤出了反抗和革命的权利的老问题。

5. 在那种想要把制度化的反抗权利吸收掉的国家类型当中，总有这样的危机，即原有的老难题必然重现，而人们会诉诸旧的解决办法——尽管形式会有不同，不再是从消极服从变成诛杀暴君，而是从公民的不服从转变为游击战。

看似已经消失了的旧议题的复归既不是重生，也不是复现。某些条件具足，那些难题就会应运而生，而且特定的环境会让它们每次出现都具有不同的面相。有关反抗的权利的新旧理论之间也有不同，这是应予注意的，即便我们在这里只是对这些差别做暂时性的评论，以待来者深入研究：

(a) 今天，反抗问题被视为集体的而非个人的现象（这是大众社会的一种结果），就反抗的行动（或复数的行动）的积极主体而言是这样，就消极主体而言也是这样。我这么说的意思并不是想说过去的理论家尚未预见到这种集体反抗［格罗奇奥（Grozio）在他的著名论文中就专门为集体反抗留出了一章，即第四章］；极端而最具难题性的情况从来都是诛杀暴君。现在事情完全不同：一方面，有意识的异议仍旧是个人反抗的典型现象，但这显然是可追溯至"七不从"的宗教态度的一种残余。另一方面，即便是无政府主义者，也不太以攻击国家首脑为其目标，这反映的事实是，现在一般只有反动力量才以个人为攻击目标。

(b) 促生了反抗的权利的情境与16、17世纪旧时代的作家们所设想的情境或许没有什么差异，或者说或许与权力的**篡夺、滥用、未经授权的行使**（从1943年到1945年，意大利人民的武装反抗分别针对着这三种情况，先是反抗德国人，再是反抗法西斯主义者，最后是反抗共和党人）没有什么差别——即便事实如此，可是赋予反抗合法性的压迫类型却是有很大差别的：君主时代是宗教压迫，洛克时代是政治压迫，今天在第三世界人民的解放斗争中、在共产主义者或卡斯特罗等人影响下的革命运动当中则针对的是民族压迫、阶级压迫和经济压迫。今天我们要去反抗的并非那种特定的国家形式（根据亚里士多德主义的传统国家分类而言，那是退化形式的国家），而是特定的社会形式，其制度并不仅仅只有一个方面；今天没人认为枪毙一个暴君，世界就能焕然一新。我们似乎应该对霍布斯曾经做出的那个表述来个彻底的头足颠倒：对霍布斯而言，所有国家都是好的（正因为它是国家，它一定就是好的），而今天所有国家都是坏的（仅仅因为它是国家，它一定就是坏的）。

（c）此外，在我看来，最大的差别还是面对难题时所进行的争论的动机与逻辑（"缘由"）方面存在的差异。过去的理论围绕的是形式各异的反抗的合法性或不合法性，就法学提出问题，而今天的理论探讨反抗或革命，则基本是从政治方面出发，也就是说，争论的是其时机、有效性的问题；不再质疑反抗或革命是否是正当的，只要它与它的目的相符，它就是正当的。如果完全受制于积极的正当观，正当则需通过一整套法律得到界定，而这一套法律必然确证着垄断化了的权力，于是，反抗的正当性（正当这个表达只能意味着"自然正当"）的问题就再也没有了意义。关键不在于推翻殖民枷锁或阶级桎梏的正当性，而在于推翻的力量。讨论不应过多地纠结于权利和义务，而应该针对必须动用的最合适的**策略**（*tecniche*）：游击战策略，还是非暴力策略。与正当战争的古老理论的危机非常相近的正是正当革命的理论——这种理论盛行于启蒙时代——的危机。

6. 诸位要想我对我以上所言给出证据，就请分析一下——您的分析必定比我在此所做的更为精确——当今两大反抗运动的特性，这两大反抗运动把世界分为两部分，其一是革命的（这里的革命是在很不同的意义上讲的）政党介入的运动，其二是公民的不服从运动。有人这样想并承认二者的关联：二者的区别在于使用暴力与否，而从意识形态角度来看，区别在于是否对暴力予以合法化。但从这种角度看今日反抗运动的现象，就没办法将它们与过去的反抗现象区别开来：过去思考形形色色的反抗的理论也是以是否使用暴力来在积极反抗和消极反抗之间做出区分的。正如已经所言，讨论使用（或不使用）暴力的合法性的不同论证才构成了主要的区别：正如已经说过的那样，今天的论证更侧重政治，而非法律（或伦理）。

显而易见，革命的政党的理论基本秉承现实主义——即马基雅维利主义意义上的现实主义——信条，如马克思主义，或更明显的列宁主义（在列宁主义看来，目的可以使手段正当化）。当今与过去的革命暴力理论——过去的革命暴力理论基于自然法理论——的差别，如果可以说是差别的话，在于这一点，即后者认为革命暴力是极端情况，只能是在不能预料其时间的特殊情境下发生（比如权力的侵占、篡夺和滥用）；相反，对前者来说，国家本身（即便是无政府主义的），或资产阶级国家，其基础都是一小撮特权阶级对广大（共产主义的）被剥削阶级的压迫，因而是暴力的。马克思很著名的一个表述是国家"是社会的有组织的集中起来的暴力"，这也是革命理论的指导原则之一，它经过列宁的发展而成为毛主义的人民战争、游击战学说（与传统理论相比，新理论——从罗伯斯庇尔到毛——使构成恐怖的暴力过度使用正当化了)。这一理论还可以被重申为这样一个同样著名的说法:"农村必须造成一个短时期的恐怖现象……矫枉必须过正,不过正不能矫枉。"

不太明显,但因而更有意思的是,公民的不服从理论同样在政治现实主义——也就是它的政治正当化——的道路上经过了长途跋涉:直接起源于宗教的消极服从,发展而为梭罗的公民不服从,这种理论总代表着个人(如果税收用以维持不义战争,那么个人就拒不缴税),从托尔斯泰,直到圣雄甘地的非暴力不合作。首先,不再是个人的而是集体的行动,也即更易于使暴力得以正当化的行动,要求修正传统意义上个人伦理(就这种伦理来说,暴力是极其非法的)和集体伦理(就这种伦理来说,暴力是可以允许的)间的差别。甘地主义伦理的特征之一就体现在不承认在个体那里可被允许的情况与在群体那里可被允许的情况之间的任何区别。其次,甘地主义的理论和实践为传统所谓消极反抗引入了一种新成分,那就是进一步地在积极非暴力与消极非暴力之间做出区分。甘地学说的根本信条之一是,非暴力的胜利必然要伴随着他所谓的"建设工作",也就是说,四面八方发动的一系列行为向反抗对象表明我们所谋求的不仅仅是打倒他,而是要建设一种良好的共存方式(因而反抗对象也会由此而受益)。最后,在今天我们应给予非暴力的合法化并非是宗教的或伦理的,而是政治的。这至少有两个方向:(a)逐渐意识到某些手段的使用会影响目标的达成,非暴力手段在政治上更具能产性,因为诞生自非暴力的社会也将是非暴力的,而诞生自暴力的社会不借助暴力则无以为继。换句话说,非暴力被用来为实现终极目标服务(尽管采用暴力的革命者也以此为目标），那么社会将因为没有对压迫者的压迫而更为自由、更为公正，非暴力要好于暴力。（b）面临着日益扩张的制度化的和有组织的暴力，面临着它巨大的破坏性力量，非暴力实践也许是唯一能在根本上改变权力关系的反制手段。非暴力是替代制度暴力的唯一可能的替代策略（精神策略、政治策略）。①

7. 我将对公民不服从可能具有的形式类型做几点评述（难免简略）作为本文的结尾。我们首先必须在对禁令性法律的不服从这一积极行动、这一做为（比如黑人在不向他们开放的餐馆或公共汽车中静坐示威，或在未获法律批准的游行中不顾禁令集结起来）与对律令性法律的不服从这一不做为、弃权行动（典型的例子就是不缴税、不服兵役）之间做出区分。不做被命令的事和做与命令相反的事——命令你清理地面，你却坐在了地上——是不同的。消极反抗不仅可以通过不做必做之事来完成，而且也能通过过度行为来完成（比如议会里发生的阻挠议事即属此种情况）。

各种形式的公民不服从与以争取经济利益为目的的非暴力施压技术也还是有区别的。后者体现为种种弃权行为，如罢工和抵制，或者占领土地、厂房或怠工等行为。

---

①有关甘地主义非暴力伦理的问题，我尤其受惠于朱利亚诺·庞塔拉（Giuliano Pontara），最重要的就是他的充满智慧的《群体的伦理与冲突》（*Etica e conflitti di gruppo*），载于《人道》（*De homine*），1969，24 - 25 期，第 71 - 90 页，继而是近著《安提哥涅与克瑞翁：核时代的伦理与政治》（*Antigone e Creonte, Etica e politica nell'era atomica*, Roma: Editori Riuniti, 1990）。

但这两者都不同于长时间绝食的所谓示范行动（自焚也是一种示范行动，但因其是对行为者自身的极端暴力行为而不能归属于非暴力策略）。

尽管有种种不同，但这些策略也有着共同点，即它们的主要目的并非摧毁或毁灭对手，而是要使之陷于瘫痪、宣布其无效或将对手置于困境；并非要直接谋求取代对手，而是要使其目标的达成困难重重，甚至成为不可能；不是要伤害对手，而是要使对手不造成伤害；不是要进行针锋相对的权力斗争，而是要使权力无力化。

最后我想知道是否应把各种形式的消极反抗——这里的消极反抗仍旧是指非暴力反抗——与**否定性权力**（potere negativo）区别开来呢？而否定性权力是否就是指否决权呢——用卢梭的话来说，否决权是"不能做出任何事情，却可以禁止任何事情"的个人或部门所拥有的权力?① 在这样的研讨会上，联系皮朗杰罗·卡塔兰诺（Pierangelo Catalano）的研究来探讨这个问题是很有益的，他的这些研究既有助于刺激新方法的形成，也提供了很有价值的丰富的文献资料，我也很感谢皮朗杰罗·卡塔兰诺的这些研究，它们就是把否定性权力放在反抗形式——比如罢工——当中去理解的，在我看来否定性权力也不能**简单地**等同于否决权。② 我认

---

①卢梭：《社会契约论》第4卷第5章"论保民官制"。

②我尤其要提到《自由权利与否定性权力》（Diritti di libertà e potere negativo），载于《纪念卡洛·埃斯泼西多论文集》（Studi in memoria di Carlo Esposito, Padova: Cedam, 1969）以及《保民官制与反抗》（Tribunato e resistenza, Torino: Paravia, 1971）这两部著作。

为二者的混淆源于这样一个事实：罢工和否决权都指向同一个目标，那就是让统治权的行使陷于瘫痪。但我们应该对它们之间的差异做出区分。

首先，二者即便确乎都可以被视为使权力行使受到阻碍的方式，但其中之一（否决权）旨在阻挠一项法律、命令、要求或决定的出台，而另一种形式则是在法规出台之后使之无效化，如罢工和抵制等消极反抗形式，它们并不构成对法律的不遵守。此外，否决权一般体现为意愿的声明（体现为 J. L. 奥斯汀所说的那种"述行"陈述）；而消极反抗则体现为任务性的、无法在法律上追责的行为。否决权一般是制度化了的，服从于二度授权原则（除非我们设想一种极端情况，即一大群人冲进议会，要强行通过一项法案：但我们实际上要问在这种情况下这群人是在行使否决权吗）；而各种形式的消极反抗则产生于既有制度框架之外，即便其中有一些消极反抗是来自二度制度化的。否决权通常是顶层行使的权力（想一想国家首脑对议会通过的一项法案的否决，或安理会成员国行使的否决）；而消极反抗则是基层行使的权力。否决权往往是某个权力的最后一搏；而消极反抗则是新权力的萌芽。否决权往往致力于维持现状；而消极反抗则以改变为目标。总之，在我看来，否决权与消极反抗无论在结构上还是功能上都是两种不同的事物，故此我才对能否强行将它们纳入同一范畴、能否用同一个否定性权力的名义框范它们提出以上质疑。

反对死刑

Contro la pena di morte

1. 不管我们乐意与否，我们都不得不接受这一事实：与几千年的人类历史相比，关于废除死刑的讨论不过才刚刚开始。在几个世纪里，将某种罪行判为死刑是不是合法（或公正），这几乎不成为问题。将死刑作为一种惩罚手段施于那些触犯了部落、城邦、民族或国家法律的人，这一做法从未被质疑过。而且事实上，死刑是刑罚之王，它最大限度地满足了社会群体从污点成员那里讨得报偿、正义与安全的需要。我们可以从柏拉图的《法律篇》（Leggi 或 Nomoi）开始。在我们西方文明中，它是关于法律与正义的第一部伟大著作。柏拉图在第九卷中花费了几页的篇幅来讨论刑法问题。他承认，"没有哪一种法律强制规定的刑罚是怀着恶意的——它让受罚的人要么更加善良正直，要么不再那么邪恶"。但他又补充说，就死刑来说，如果"法官认为罪犯已经无可救药了，那么罪犯将要承受这种最微小的恶"①。我并不打算将这本书中建议判处死刑的罪名一一开列出来，但它的范围确实很广——从反对神明、反对宗教罪，到反对家长、自愿杀人罪。关于谋杀者，柏拉图言道：他将"不可避免地被强制去接受自然法所规定的惩罚——去承受与他所加诸被害人的行为同等的对待"②。我将读者的注意力引到形容词"自然"以及"去承受"已发生

---

① 柏拉图：《法律篇》（Le leggi, trad. A. Cassarà），854e。
② 同上，870e。

的行为这一原则上。这一报复原则，或者说"以眼还眼"的原则，要比柏拉图和毕达哥拉斯早得多了，它被中世纪的法学家们重拾起来，且在几个世纪里，通过那个著名的表述——该表述认为邪恶的激情（malum passionis）一定对应着邪恶的行动（malum actionis）——被不断重复着。这一报复原则贯穿了刑法的整个历史，且对我们今天仍然有非常大的影响。我们不久就会看到，对死刑来说，这一原则是最常用的证明之一。

我们已简单征引了这一著名的古代文献，来证明死刑是如何从我们文明的一开始就被视作不仅完全合法而且"自然"，并且将其接纳为一种刑罚手段从来就不成其为问题。我还可以征引很多其他文献来表明这一点。事实上，死刑是如此不成问题，以至于对死刑的执行从来就没受到过严肃的挑战，哪怕是来自主张"非暴力"及"不要抵抗恶人（noli resistere malo）"的宗教。这种宗教提出了"良心上的抗拒"以及"禁止携带武器"的问题，尤其是在较早的世纪里；而这一宗教的神圣灵感，就来自于一个被判死刑的男人。

2. 直到 18 世纪中叶的启蒙运动时期，死刑的合法性与正当性才**第一次**在某种程度上被讨论，当然，并不是说这一问题以前就未被提出来过。贝卡利亚的著作（1764）的历史重要性——这一点不能被过分强调——恰在于此：它是第一部严肃触及这一问题并且对一个与几个世纪之久的传统形成对照的论点提供了理性讨论的著作。

必须要立即做出说明的是：贝卡利亚的出发点只是关于刑罚手段的震慑作用的问题。"（刑罚的）目的只是在于阻止罪犯对公民们造成更进一步的伤害，以及震慑其他人不去做类似的事情。"① 下文我们将会看到，这一出发点在这一问题的展开过程中极其重要。如果贝卡利亚所讨论的是刑罚的基本问题，那么问题就在于，要搞清死刑所对应的震慑效果。这一讨论方法在今天仍为人们所使用，而且国际特赦组织就曾在几个场合使用过。贝卡利亚对这一问题的应答，见于他在《温和的刑罚》（*Dolcezza delle pene*）那一段里所引入的原理。该原理如下："最有效地防止犯罪的手段之一，不在于刑罚的残酷，而在于真正实施刑法有多大的可能性，以及与此相关的地方法官们的警惕性和一位铁面无私的法官的贯彻力。为了使这些更有效，最好伴以温和的立法。"② 因此，刑罚应该适度。为了震慑，刑罚没必要太残酷，只要能确保刑罚能够被实施就足够了。与其说是刑罚的严重性，还不如说是在任何情况下都能执行刑罚的确定性，构成了杜绝犯罪的原因，而且真正来说是首要原因。接着，贝卡利亚引入了第二条原理：震慑作用的大小不在于刑罚的强度，而在于刑期的长度，例如终身监禁。死刑非常酷烈，而终身监禁则持续时间长。因此，永远失去人身自由比死刑具有更强大的震慑作用。

贝卡利亚的两条原理向死刑的有效性（在论证的开始，他曾有过这样的表述："既无用处，又无必要。"③）发起了挑战，

---

① 贝卡利亚（C. Beccaria）：《论犯罪与刑罚》（*Dei delitti e delle pene*, a cura di F. Venturi, Torino: Einaudi, 1965），第 31 页。这一版本也证明了该书在 18 世纪的意大利与欧洲所取得的令人难以置信的成功。

② 同上，第 59 页。

③ 同上，第 62 页。

从这个意义上讲，这两条原理都是功利主义的。贝卡利亚还补充过一个论点，引起了一些困惑（事实上，该论点在很大程度上已被放弃了）。这个所谓契约论者的论点是建立在社会契约理论及一个文明社会的原始协议的基础之上的。这个论点可被总结如下：如果文明社会是建立在个人与个人之间协议——他们宣布不再生活在自然状态下，且为了彼此都得到保护而创造了法律——的基础上的，那么很难想象这些个体还会让那些同等身份的人来操控他们的生命。

众所周知，贝卡利亚的书获得了惊人的成功，而它的名望在很大程度上是由于伏尔泰对它极为赞许的接纳。贝卡利亚只是个无名小卒，而在启蒙运动之乡法国，伏尔泰就是伏尔泰。同样有名的另一件事是：在那个时期围绕着死刑所展开的一场讨论，导致了首部废除死刑的刑法——1786年托斯卡纳大公国的法律——的颁布。在不忽视刑罚的矫正作用（"对那些还是社会及国家的孩子的罪犯的矫正"）的同时，人们再一次就死刑的震慑效果进行了一系列的讨论。讨论之后，这部法律第五十一条宣布："永久废除死刑，包括对任何罪犯，不管他是否出席了宣判，也不管他是否已坦白承认或已被证明犯有任何依照过去颁布的法律应判死刑的罪名。——在这件事情上，那些过去的法律条款，我们在此宣布废除。"①

贝卡利亚的书在叶卡捷琳娜二世统治下的俄国影响也许更

---

① 出自《1786年11月30日托斯卡纳刑事立法改革》（*Riforma della legislazione criminale toscana del 30 novembre 1786*）的引文，转引自《论犯罪与刑罚》第274页。

为突出。她在1765年——只晚于贝卡利亚著作的出版一年——颁布的《圣谕》中说道:"以往所有世纪的经验证明,死刑不能改良任何民族。"紧随其后,出现了一句原封不动地取自贝卡利亚著作的话:"那么,如果我能说明,在一般的文明社会中,一个公民的死既无用处又无必要,那我就已经推动人类的事业向前发展了。"①

3. 然而,应该补充一点,尽管那本书在知识阶层中取得了文学上的成功,但是在那些自认为相对于其他历史时期及其他国家——被认为是未开化的或者更为野蛮的国家——来说更为文明的国家中死刑没有被废除,不仅如此,在当时的刑法哲学中废除死刑的事业也没有占据优势。我可以征引很多证据,但我将限制自己只引用三位当时最重要的思想家:卢梭的《社会契约论》(出版于1762年,早于贝卡利亚的著作两年),伟大的康德,以及更为伟大的黑格尔。《社会契约论》中有一章题为《论生与死的权利》,在其中卢梭放弃了契约论者的观点。他认为,当个体同意与其他个体共同建立一个国家时,他就不能真正在任何情况下都保有其对于自己生命的权利。他说:"正是为了避免成为凶手的牺牲品,所以人们才同意,如果自己做了凶

---

①出自《圣谕》(*Istruzione*)第六个问题,也出现在《1786年11月30日托斯卡纳刑事立法改革》,见前引书第646页。在文图里(Venturi)为《论犯罪与刑罚》一书所写的前言里,他将叶卡捷琳娜二世称作贝卡利亚忠实的抄袭者(第XXXV页)。

手，自己也要死。"① 这样一来，把自己的生命权交给国家，并不是为了毁坏它，而是为了保护它不被其他人损害。

在贝卡利亚的著作《论犯罪与刑罚》出版数年之后，另一位重要思想家菲兰杰里（Filangieri）写出了《立法科学》（*Scienza della legislazione*, 1783），这本书是18世纪后半叶意大利最伟大的政治哲学著作，在其中，作者谴责了贝卡利亚"诡辩的"契约论观点。他说道：是的，在自然状态下人们确实拥有生命权，而且他不能宣布放弃这种权利也是事实，但他却可以因犯罪而失去这一权利。如果他能在自然状态中失去它的话，那么人们就看不出为什么在文明社会中他不应该失去它。文明社会的构建不是为了去创造一部新的法律，而恰恰是为了保证被侵犯一方的那种古老权利——对别人的冒犯做出反抗，以暴制暴，通过攻击另一个人的生命来击退别人对自己生命的攻击——的实施。

康德与黑格尔，那个时代最伟大的两位哲学家，一位在法国大革命前，一位在大革命后，双双支持进行残酷报复的刑罚理论，并且都得出结论说，死刑甚至可以算是一种义务。康德，从作为报复手段的刑罚概念入手，将刑罚的功能纯粹理解为一种法律上的补偿，而不是对罪犯的预防。换句话说，刑罚必须严格地与罪行相符（这是类似于某种平等——古人称之为"矫正的平等"——的正义）。他说，国家有责任使用死刑，根据手段与目的之间的关系，这是定言命令而非假言命令。我直接从康德的著作中挑选最值得注意的句子征引于此："谋杀人者必须

---

①卢梭：《社会契约论》，第2卷第5章"论生与死的权利"。

处死，在这种情况下，没有什么法律的替换品或代替物能够用它们的增或减来满足正义的原则。没有**类似**生命的东西，也不能在生命之间进行比较，不管如何痛苦，只有死。因此在谋杀罪与谋杀的报复之间没有平等的问题，只有依法对犯人执行死刑。处死他，但绝对不能对他有任何虐待，使得别人看了恶心和可厌，有损于人性。"①

黑格尔则走得更远。基于"一个国家不能通过一份契约创造出来"的观点，他驳斥了贝卡利亚的契约论观点。之后他说道，罪犯不但应得到与罪行相应的惩罚，而且他有权被处以死刑，因为唯有刑罚可以赎他的罪，而且只有惩罚他，他才能将自己认取为一种理性存在（事实上黑格尔是在说，刑罚可以赋予他"荣誉"）。不管怎么样，他确实又补充说，贝卡利亚的著作确实至少起到了减少死刑数量的作用。②

4. 不幸的是，当那个时代最伟大的哲学家们持续不断地支持死刑立法的时候，废除死刑的主要支持者之一不是别人而是罗伯斯庇尔。1791年5月他在立法大会上发表了一篇著名演讲，

---

①康德：《法律原则、公法》（*Dottrina del diritto, Diritto pubblico*），载于《政治著作集》，前引，第522页。[此处汉译据《法的形而上学原理》（沈叔平译，林荣远校，北京：商务印书馆，1991）第166-167页，汉译有所调整。——译注]

②黑格尔对贝卡利亚的引用见《法哲学原理》（*Lineamenti di filosofia del diritto*）第100节，他在此节补充中说："贝卡利亚废除死刑的努力确实产生了一些有益的效果。虽然约瑟夫二世和法国人都不曾完全废除死刑，但人们比以前更明白了哪些罪该处以死刑，哪些罪不该处以死刑。"

但也正是这个人,在复辟时代(就是黑格尔撰写其著作的时期)被作为最应该为恐怖政治和滥施刑罚(仿佛是为了证明那条颠扑不破的铁律——革命总是吞噬自己的孩子,暴力产生暴力,等等——,他自己也成了这件事的受害者)负责的人而被载入史册。罗伯斯庇尔的演讲应该被记住,因为它包含了一条谴责死刑的最具说服力的论点。他在开头反驳了死刑的震慑作用,宣称死刑并不比其他刑罚更具有震慑作用,然后他引用了人们惯用的日本的例子,就像孟德斯鸠早些时候做过的那样:在当时,人们相信日本的刑罚是极端残忍的,但却到处充斥着罪犯。他同时还驳斥了基于人民的准许以及基于报偿原则的观点。最后,他引入了一个为贝卡利亚所忽略的观点,即司法错误是无法挽回的。演讲全文都激荡着这样一条原则:温和的刑罚是文明社会的证明(此处,贝卡利亚的影响很明显),而残酷的刑罚是野蛮的标志(还是说日本)。几乎可以毫不夸张地说,贝卡利亚的最有名且最机智的支持者(几乎就是模仿者)就是罗伯斯庇尔,但要再说点别的,就只有遗憾了。①

5. 尽管反对废除死刑者的理论持续不断且广泛流行,但却

---

①罗伯斯庇尔的演讲是这样结尾的:"必须相信居住在法兰西土地上的人民是温和、敏感和大度的(它的一切美德将由于自由制度而发扬光大),一定会以人道主义来对待犯罪的人,并将同意这一看法,即经验和理智会容许你们来批准我的关于废除死刑的建议所依赖的原则。"转引自卡塔内奥(M. A. Cattaneo):《罗伯斯庇尔政治思想中的自由和美德》(*Libertà e virtú nel pensiero politico di Robespierre*, Milano: Istituto editoriale cisalpino, 1968)。

不能说贝卡利亚所开启的有关废除死刑的讨论就毫无成效。主张废除死刑者与反对废除者之间的对抗太过简单化，不能准确地反映现实。有关死刑的讨论，其目的并不仅仅在于废除死刑，而主要在于：在一些严重而又界定清晰的罪行上限制使用死刑，消除那些如此经常地伴随着死刑的痛苦（或者说无谓的残忍），以及不再将死刑作为招摇于市的公共事件。当我们悲叹死刑在大多数国家中还继续存在时，我们常倾向于忘记那些巨大的进步，它们在过去的两个世纪里几乎发生在所有国家的立法中，那些立法削减了判处死刑的罪名的数量。在 19 世纪初的英国，有超过 200 种罪行要被判死刑，其中所包括的一些罪行现在只需判几年监禁。即使是在那些还存在死刑的法律系统中，死刑几乎全部是由谋杀造成的。除了死刑罪名的减少，即使是将死刑应用于它所适用的案例时，这一职责也出现了松缓的局面，法官及陪审团被赋予了更大的自由决定权。就死刑的残酷问题而言，人们只需阅读福柯（Foncault）的《规训与惩罚》（Sorvegliare e punire）就够了。该书在《断头台的场面》一章中，描述了一些骇人听闻的死刑片段，在那些死刑之前，先有一段时间很长的惨烈的折磨。福柯征引了一位 18 世纪的作家，他所讲述的备受折磨的死刑执行过程就像是一种艺术。这种艺术就是，为保证让罪犯活着去承受痛苦，而将死亡分解为一千次的死亡，在生命终止前引出最为复杂精细的各种痛苦。如此一来，这种折磨就是多次执行死刑了：好像死刑还不够似的，行刑的各种精致细密的形式让犯人死了一次又一次。折磨反映了两种要求：它一定要让犯人蒙羞（通过留在他或她身体上的伤痕，以及伴随着行刑过程的痛苦尖叫）；它一定要成为让每个人都能欣赏到的一种奇观。

这一问题把我们带回到示众问题以及公开行刑的必要性（公开行刑虽已被取消，但示众并未消失，因为还有被缚的囚犯在被送去劳教之前要在公众面前游行）上来了。如今，大多数保留了死刑的国家，是在经过了深思熟虑并决定保留这一痛苦职责后，才去执行死刑的。许多不主张废除死刑的国家，不但尝试着消除各种折磨，还尝试着尽可能让死刑没有痛苦（或至少不那么残忍）。自然，这并不意味着他们获得了成功。人们只要去了解一下那些最常用的行刑方式，比如法国的断头台、英国的绞刑架、美国的电椅，就会理解完全消除痛苦并非事实。因为死刑并不像我们被引导着去相信或那些支持死刑的人希望我们相信的那样，总会在瞬间就结束。不管怎么说，它已经从公众的视线下被移走了——但是，一起死刑的执行所引起的反响会出现在新闻报道中，替代了广场上断头台前公众的亲临，而且我们也不应该忘记，正是在存在出版自由的地方，其花边报刊是拥有很大的发行量的。关于当众处决的耻辱，我将仅仅提及维克多·雨果对它的猛烈抨击。终其一生，雨果都在勤奋不懈、全力以赴地以他雄辩的风格（尽管在今天看来可能有些夸张）为废除死刑而奋斗。最近在法国出版了一本雨果谈死刑的资料汇编，它真是一座名副其实的用各种引文堆砌起来的矿山。这本书展示了他如何与刑罚作斗争——从青年到老年，先是作为一个政治家，然后又通过他的文章、诗歌与小说为废除酷刑而奋斗。他的抨击总是始于对一场行刑的描述。他在《悲惨世界》中写道："断头台，的确，当它被架了起来，屹立在那里的时候，是具有一种眩惑人的能力的；当我们不曾亲眼见过断头台，我们对于死刑，多少还能够加以漠视，不表示自己的意见，不置可否；但是，如果我们撞见了一个，那种惊骇是真强烈，我们非做出决定，表示赞同或反对不可。"他回忆起，在他16岁的时候，他看到一个犯了偷窃罪的女人被行刑者以红热的金属打上烙印："十多年后，那女人恐怖的尖叫仍然在我耳畔。她是一个贼，但对我来说，从那时起，她变成了一个殉道者。"①

我想让读者注意到死刑是如何逐步发展的，是为了要证明：启蒙运动时期的讨论并非毫无效果，尽管死刑还并未被彻底废除。我还想补充一点，当法庭宣判一起死刑时，往往它不会被执行。在美国，盖雷·吉尔摩（Gary Gilmore）——他在1977年1月在犹他州被执行死刑——的案子引起了强烈抗议，因为从1967年以来，还没有人被执行死刑。1972年，最高法院做出的一个著名裁决确定了：死刑所适用的大多数情况，根据第八修正案——禁止施行残酷的、不同寻常的刑罚——，都是违反宪法的。然而，1976年，另一个决定更改了这一解释。该决定宣称，死刑并非总是侵犯宪法。如此一来，就为另一起死刑——即吉尔摩案——开辟了道路。死刑宣判激起了如此多的议论，这一事实表明，即使在那些还存在死刑的国家里，公共舆论还存在着一个警惕、敏感的部分在阻碍着死刑的实施。

6. 根据目前我所说的，有一点非常明显，即赞成或反对死

---

①雷蒙·让（Raymond Jean）编：《雨果论死刑》（*Écrits de Victor Hugo sur la peine de mort*, Paris: Editions Actes/Sud, 1979）。

刑的观点几乎总是取决于刑罚所被赋予的角色。存在两个主要的观念。一个是报偿的观念，建立在类似于平等的公正原则（就像我们从康德和黑格尔那里看到的）以及对手之间的匹敌原则的基础之上。它根据的是那条准则"对于犯下恶行的，以其道还治其身是公平的"（"以牙还牙"的报复定律，或但丁著名的报复说）。通过这一准则，杀人者也要被杀是公正的，或者说是正义所要求的（不尊重生命的人就没有生命权，取走别人生命的人也失去了自己的生命权，等等）。另一个是预防的观念，根据这一观念，刑罚的目的就是通过某种不快事物的威胁来阻止既定法律认为有害的任何行动。在这一观念的基础上，不言而喻的是，死刑要想证明自己就先要证明其威慑效果比任何其他刑罚（包括终身监禁）都要好。这两个形成鲜明对照的关于刑罚的观念，可以概括为两个术语："**伦理的**"与"**功利主义的**"。它们基于两种不同的伦理学理论：前者基于原则或正义的伦理；后者则基于功利主义的伦理，这一理论盛行近几个世纪，且在盎格鲁－撒克逊国家中仍然盛行。我们可以大体上说，反对废除死刑者呼吁前者（如康德与黑格尔），而主张废除死刑者则呼吁后者（如贝卡利亚）。

请允许我讲述一段历史插曲，它经常发生在类似于现有争论的种种论争之中。这件事取自修昔底德的《伯罗奔尼撒战争史》，可追溯到公元前428年。① 雅典人必须要决定密提林（Mytilene）居民的命运，为此两位演说家展开了辩论。克里奥

---

① 这一插曲见于《伯罗奔尼撒战争史》卷3涉及公元前428—前427年密提林的叛乱与惩罚的那一部分。

（Cleo）认为，反叛者全都应该处死，因为他们必须要付出相同的代价，得到应得的惩罚。他还补充说，其他同盟国也将知道，反叛者将被处死。另一方面，狄奥多图斯（Diodotus）认为死刑没有用处，因为"对于人性来说，当它满怀激情地从事某项工作时，不可能被法律的强力或其他什么威胁来遏制——不这样想的人都非常幼稚——，因此，人们会避免去过分相信将死刑作为阻止邪恶的切实保障"①。他接着提出建议，他们应该坚持实用的原则，应该使密提林的人民成为同盟，而不是杀死他们。

7. 现实中，相关讨论要更为复杂一些，因为有比这两种关于刑罚的观念更多的看法（尽管这两种观念是目前最为流行的）。我将仅提及三种观点：将刑罚视为赔偿，视为救赎，以及视为社会的防御手段。其中第一种观点，对于废除死刑比保留死刑更为有利，因为一个人为了偿还自己的罪恶就必须得活着。但人们也可以说，真正的偿还就是死，将死看作是对罪恶的洗刷与污点的消除，因为血要用血来冲刷。严格来说，这种刑罚观念对于保留死刑与废除死刑都能适用。第二种，即救赎的观点，是唯一一种完全反对死刑的观点，就连最为堕落的罪犯也能救赎自己。如果你杀了他，你就取消了他道德提升的所有可能，而这种道德提升的可能对任何人都不能拒绝给予。当启蒙运动中的人物们讨论以强制劳动作为死刑的代替品时，他们通过表明强制劳动可以救赎来证明其观点。在评论贝卡利亚的著作时，伏尔泰指出，叶卡捷琳娜二世的刑罚政策是支持废除死

---

① 这一段摘自《伯罗奔尼撒战争史》卷3 第45，46 两节。

刑的："犯罪率并没有因为这种仁慈而增加。而且，几乎总在发生这样的事：当罪犯被流放到西伯利亚之后他们就变成正直的人了。"①［人们可以详细地讨论关于工作的这一观念，其最极端、最令人厌恶、最邪恶的后果出现在纳粹集中营入口处的标语中："Arbeit macht frei（劳动创造自由）。"］

　　第三种即社会的防御手段的观念也是模棱两可的。大体来看，那些认为刑罚的目的在于保卫社会的人，都已经是废除死刑的支持者了，但他们是出于人道主义的原因而持此观点的（部分地因为他们排斥犯罪的概念，而这一概念是报偿概念的基础，只能在自由意志的语境中被证明）。然而，社会的防御手段并不排斥死刑，因为人们可以说，防御社会免受最危险的罪犯之害的最好办法就是消灭他们。

　　8. 尽管可能存在着几种关于刑罚的理论，但两种主要理论就是我称之为"伦理的"和"功利主义的"的理论。而且，其差别已超出了仅仅作为对刑罚的两种不同理解的范围，因为它指向了在两种判断善恶的方法之间存在着的更深层次的伦理学（或道德）差别：一种方法是基于好的原则，这种原则的有效性是绝对的；另一种是基于好的结果，就像是功利主义者贝卡利亚及边沁所讨论过的那样，将最大的好处带给最多数的人群。说"你不应该作恶，因为存在一条禁止作恶的规则（如十诫）"是一回事，而说"你不应该作恶，因为它会危害人类社会"又

---

①出自伏尔泰：《评〈论犯罪与刑罚〉》（Commentaire sur le Traité des délits et des peines），见文图里（Venturi）编：《论犯罪与刑罚》，前引，第374页。

是另一回事。它们是两种不可调和的不同标准，因为就某种行为而言，从好的原则的角度去考虑的话，它很可能被判定为坏的；但从一个功利主义者的视角出发，却有好的结果。反之亦然。

正如我们在关于赞同与反对死刑的争论中所看到的那样，赞同死刑者追随着"正义"这一伦理学概念，主张废除死刑者则追随着一种功利主义的理论。归纳为最简单明了的实质，这两种观点可以被总结为"死刑是正义的"与"死刑没有用处"。对前一观点来说，死刑是正义的，但不考虑其用处。从这一视角出发，康德的推论是完美的：将被判死刑的人视作一种威慑物，就是将人变成一种手段，或者用今天的话来说，是在利用他。对后一种观点来说，死刑没有用，而不考虑正义问题。换句话说，对前一种观点来说，死刑可能没有用，但它是正义的；对后一种观点来说，它可能是正义的，但没有用。因此，对那些坚持报偿理论的人来说，死刑是一种必要的恶行（甚至或许还是一件好事，就像我们从黑格尔那里看到的，因为它恢复了被侵犯的秩序）。对那些坚持威慑理论的人来说，死刑是一件不必要的恶行，因此永远不能被视为好事。

9. 毫无疑问，从贝卡利亚以来，主张废除死刑者的主要论据就是威慑作用。然而，"死刑比强制劳动的威慑力更小"这一表述只是某种个人观点，它本身基于一种对一个罪犯的心理状态的心理学评估，而这种评估并未获得事实证据的支持。自从有了犯罪学上的实证主义方法，就有了对各种刑罚方式的威慑作用的比较研究，犯罪率也被按照不同的地点、时间，以及有无死刑来进行比较。当然，在美国这些研究得到了促进，那里有些州死刑依然有效，有些州则废除了死刑。在加拿大，1967年颁布的暂停死刑的法案将死刑暂停了五年，使得犯罪水平的今昔对比成为可能。有关这些研究的一份非常细致的调查表明，现实中没有哪一种研究得出了令人信服的结果。① 事实上，除了刑罚的减少与犯罪的增多或减少以外，还有太多与此相关的可变因素应当被考虑进去。例如，刑罚的温和性问题：贝卡利亚提出过这样的问题：是重刑还是温和的刑罚具有更大的震慑作用呢？只有刑罚的温和性在两个时期内保持稳定，才能进行比较。下面是与意大利恐怖主义有关的例子：对于击退恐怖主义来说，谁的贡献更大——是更加严厉的刑罚，还是找到治理恐怖主义的方法呢？

考虑到这些研究不能取得决定性的结果，我们通常会求助于民意测验（法官的、被判死刑的罪犯的或者全体公民的）。但首先，大多数人的意见在有关善与恶的事情上并非就是正确的，就像贝卡利亚所说的那样："如果有人反驳我说：对某些罪犯施用死刑已成为几乎所有世纪和国家的惯例，那么，我将答道：在不受时效约束的真理面前，这种惯例正在消泯。人类历史给我们的印象是：谬误好似无边的烟海，在这之上漂浮着稀少的、混杂的、彼此远离的真理。"② 其次，民意测验证明不了什么，因为它们服从于大众的情绪以及事件的情感效应。众所周知，公

---

① 贾亚瓦德纳（C. H. S. Jayewardene）：《死刑》（*The penalty of death*, Toronto: Lexington Books, 1977）。

② 《论犯罪与刑罚》，前引，第68页。

众对于死刑的态度会根据社会的紧张程度而发生转变。如果不是因为近年来的恐怖主义以及犯罪现象的增加,可能死刑的问题都不会被提出来。意大利是第一批废除死刑的国家之一〔1889年扎纳尔德里(Zanardelli)刑法〕,当1928年克罗斯(Croce)撰写其《意大利史》(*Storia d'Italia*)时,死刑的废除已经成为一种生活方式了,那种要保留死刑的想法是不能与整个国家的敏感性相协调的。然而几年之后,法西斯主义将几个反法西斯主义者的徒劳的抗议搁置在一边,又重新引入了死刑,公众舆论也没有什么大的不安。对此,我想要提起《死刑及其批判》(*La pena di morte e la sua critica*)一书,它是由保罗·罗西(Paolo Rossi,他后来当上了共和国的部长以及宪法法院院长)在1932年撰写的。作者强烈谴责了死刑,主要运用的是救赎的观点。

基于死刑的威慑更小而主张废除死刑的观点,其弱点在于:如果能毫无疑义地证明在某些环境中死亡确实比其他刑罚具有更大的劝阻作用,那么,死刑就不得不被保留或恢复。人们无法逃避这一反对的严肃性。因此,我相信,单独使用功利主义的观点来支持废除死刑,即使不会全盘皆错也会有严重的局限。

事实上还有一些次要的观点,但我认为它们都不是决定性的。有一种观点认为死刑是不可逆转的,因此死刑的实施会使纠正判决的错误成为不可能。但反对废除死刑的人们总会回答说,正是因为死刑是如此的严肃且具有不可更改性,所以它只会在绝对保证罪名成立的情况下实施。在这种情况下,问题只是需要对死刑的应用引入一种更进一步的限制。然而,如果死刑是公正的且构成威慑,它是否在一些情况下会被应用,这并没有什么关系，重要的是死刑仍然存在。还有一种反对废除死刑的观点，它关注的是那些再次犯罪的人。最近，马塞尔·诺曼（Marcel Normand）在我有机会读到的最后一本流行系列刊物《我知道什么？》（*Que sais-je?*）上写了一篇关于死刑的东西（1980），他使用了重复犯罪的论据。他指出了一些案例——我必须承认这些案例让人印象深刻——，一些被判死刑又被原宥的杀人犯，尽管坐了很多年牢，但释放后又去杀人了。如此一来，一个令人困惑的问题就是：如果死刑被执行了，它是否就拯救了一个人或更多人的生命呢？结论就是：为了救罪犯的命，社会牺牲了几条无辜的性命。作者的主旨如下：主张废除死刑者站在了罪犯一边，而反对者站在了受害者一边。谁是正确的呢？

10. 我前面与功利主义的理论联系起来的那个问题就变得愈加尴尬了。这一理论的弱点在于：它完全而又简单地建立在以下推测的基础上，即死刑无助于减少暴力犯罪。但是，如果有可能证明死刑能够防止犯罪的话，又该怎么办呢？然而在这里，主张废除死刑者一定会诉诸另一个关于道德本性的论点，诉诸一个绝对无可争议的原理（一个真正的伦理学上的假定）。这一论点只能出自那一条被理解为绝对原理的道德命令"你不应杀人（Non uccidere）"。但可能会有人说：如果个人为了自卫有权杀人的话，那么社会也应该有权这样做。答复是：社会没有这一权利，因为正当防卫只有在无法采取其他选择的情况下作为一种应急反应才能被证明为合法。社会的反应则不得不经过一个有时会很长的程序，并在其间讨论是支持还是反对这一反应。换句话说，跟随在法律程序之后的死刑判决，不再是在自卫中杀人，而是一个合法的、冷血的且预先计划好的谋杀。这种杀人要求有一个执行人，即一个被授权去杀人的人。这个死刑执行人，尽管被授权去杀人，但仍被看作是一个怪物，这不能不令人吃惊。查尔斯·达夫的《绞刑手册》荒诞地将刽子手描写得像一条狗——社会忠诚的朋友。它还提到一起案件，一个刽子手变成了杀人犯，并被处决，这样就反驳了死刑具有威慑作用的说法。①

国家不能像个人那样去采取行动。个人会出于愤怒、激情、个人利益或个人防卫而采取行动，国家则要三思而后行，理智地应对。它也有责任保护自己，但它比单个的人强大得如此之多，以至于它无须为了保护自己而去消灭一个单独的生命。国家拥有垄断武力的优势与利益。它一定能认识到这种优势与这些利益的责任。我非常清楚，这是一个非常困难且抽象的观点，它可以被指摘为天真的道德主义与无用的布道。让我们试着为我们的反对死刑给出一个理由吧。只有一个理由，此即不许杀戮的训诫。

我看不到其他理由。除了这最后一条理由，所有其他理由都价值很小或毫无价值，都能被其他或多或少拥有相同说服力的理由所驳倒。陀思妥耶夫斯基通过米希金公爵（Principe Myškin）之口壮美地说出："据说'你不应杀人'。如果这样的话，那么，如果有人杀了人，为什么他也要必须被杀死呢？去

---

① 查尔斯·达夫（Ch. Duff）：《绞刑手册》（*Il Manuale del Boia*, Milano: Adelphi, 1980）（该书的第一个版本是 1928 年的英文版）。

杀一个杀人的人是一种远远超过其罪恶本身的刑罚。合法地杀人比坏人杀人更是无比可怕。"

此外，因为谴责死刑的最后一条理由是高尚的、困难的，所以，大多数国家仍将继续应用死刑，尽管有国际宣言、各种呼吁、废除死刑的社会以及国际特赦组织值得赞赏的行动。然而，我坚信死刑在世界舞台上的全面消失，注定是人类进步的一个无可争议的象征。约翰·斯图亚特·穆勒（一位我喜爱的作家）非常好地描述了这一点："一部社会改良的历史，就是一系列的社会变迁，在这一系列变迁中，曾经被认为是社会存在必需品的风习或制度，一个接一个地不断转变成了人人唾弃的非正义的残暴的东西。"①

我确信，这也将是死刑的宿命。如果你问我，我们何时能看到这宿命成为现实，我只能回答说不知道。我只知道，这种宿命的实现将是道德进步的一个无可争议的象征。

---

① 穆勒（J. S. Mill）：《功利主义》（*Utilitarianism*），第 5 章，第 94 页。（此处引文根据徐大建汉译有所调整，见穆勒：《功利主义》，上海：上海人民出版社，2008，第 64 页。——译注）

目前关于死刑的争论

Il dibattito attuale sulla pena di morte

1. 我们的世界正在被日益增加的残酷的、具有毁灭性的国内与国际战争所破坏，被日益增加的野蛮的、不光明的、无情的恐怖主义运动所破坏，且听天由命地生活在核灭绝的威胁之下。在这样一个世界里，关于死刑的争论，其影响与每天都在发生的那些屠杀毫无可比性，比起那些同样无法理解世界如何运行的老学究的无聊消遣来，可能也好不了多少。①

我所指的当然是那些在走完正常司法程序之后的死刑，在本文中尤其如此。在这里不拟讨论各种形式的司法程序之外的死刑，即不管是由敢死队、秘密特务、有自卫盾牌的警察、监狱（除死刑外，犯人们服刑的地方）里的陌生人（它一定得保持陌生）来执行的死刑，还是采取间接方式被关在集中营或劳动营中（在杀害某人与有意识地让他自生自灭之间，没有道德上的区别）。这些只能作为暴行被谴责。为了理解其原因，揭示

---

①讨论死刑的文字不计其数，但总是大同小异。我将限制自己只引用两卷书（加起来有几千页），因为我很少见到它们被提及：《死刑》（Pena de morte），此书为"纪念葡萄牙废除死刑一百周年国际研讨会（Coloquio internacional do centenario da abolicão da pena de morte en Portugal）"的论文集，由科英布拉（Coimbra）大学法学院出版（无出版日期，但会议的召开在1967年）。这两卷不仅包含了对以往不同世纪中有关死刑的形势的回顾，还包括了当代最伟大的法学家及法律哲学家们对于支持及反对死刑的各种论据的分析。

支持它的环境,并解释它的发展,它的各个方面可能都应被研究。对于司法程序之外的死刑的谴责,没有什么比我们这一代人仍然记忆深刻的那本《欧洲抵抗运动中等待处决者的信件》更为激烈的了。①

关于死刑的争论长时间地围绕着这一问题展开:对一个国家来说,为了惩罚而杀人,甚至动用一个宪政国家全部的程序上的保证来杀人,这样做是否是道德和(或者)法理所允许的?换句话说,问题就在于,国家所享有的惩罚的权利——该权利今日还未受到全面的挑战——是否可以扩展为实施死刑的权利,甚至将其作为司法程序的一部分。由司法程序之外的杀人所引起的问题则与此完全不同。没有人在期待一个新的贝卡利亚的出现,来谴责司法程序之外的杀人是不人道的,并从人道主义的观点("刑罚的温和性")和司法公正的观点(加在社会契约之上的限制)出发建议废除它们。这些问题属于道德哲学与法律哲学的另外章节,即与下列问题有关的章节:证明战争是合法的,或证明个人或集体在除自我防卫以外没有其他指导原则的地方发生冲突时实施暴力的合法性。问题很清楚,一旦承认在某些情况下战争是合法的,因此一切冲突就可以通过武力来解决,然后,对在特定限制下〔由战争法(*ius belli*)组成〕杀人的许可就可以被接受。就司法程序之外的杀人而言,伦理的

---

①意大利文译本《欧洲抵抗运动中等待处决者的信件》(*Lettere dei condannati a morte della Resistenza europea*)是各版本中内容较为完足的版本,马尔维奇(P. Malvezzi)与比瑞利(G. Pirelli)编,1954年由艾劳迪出版社(Einaudi)出版,并由托马斯·曼(Thomas Mann)撰写前言。

和（或者）法律上的问题并不在于实施死刑是否合法，而在于：在一个正常的宪政国家中，借助于某种形式的司法程序之外的惩罚是否是合法的；如果合法，又应该给予何种限制以及在什么情况下合法。

2. 与自西方哲学诞生之日起所经过的许多个世纪相比，对于死刑问题的争论是最近才发生的事。1764年，贝卡利亚写下了那本著作，在知识阶层中引发了一场支持还是反对死刑的大辩论。第一个废除死刑的国家是托斯卡纳大公国，时间是1786年。伴随着哲学历史的全部过程，哲学家们中间的普遍观点是赞同死刑，从柏拉图开始，直到远远超出了贝卡利亚的时代，人们只要想想康德、黑格尔以及叔本华就足够了。如果我们想把我们的论点建立在这批大权威身上，那主张废除死刑者将被击败。

此处我想要忽略基督教在这个问题上所产生的两歧影响（它的两歧性在于，根据不同的时代与环境，支持与反对死刑的不同观点都可以从有关世界的同一宗教的视角中引申出来）。就关于社会与国家的伟大哲学概念而言，支配了古代及中世纪世界的根本性的国家观，还有与之相关的亚里士多德式的"整体先于部分"的原则，都为证明死刑的合法性提供了最常用的论据。如果作为政治动物的人不能生活于他逻辑上作为其中一员的社会之外的话，那么，那个社会整体的存在——或者更确切地说，其延续——相对于其中一个部分的存在或延续来说，是更为重要的，尤其是当这个所谓的部分仅仅是一个个体的生命时，因为当他生病时，会有传染及危害整体的生命的危险，所以，他一定要为了整体的存在而被牺牲掉。几个世纪以来被奉为"原始文本"的是圣托马斯·阿奎那的一段文字："现在，每个部分都指向整体，就像不完美的都指向完美的。……为着这个原因，我们觉察到，如果整个机体的健康要求切除正在向着其他成员溃烂的某个成员，那么，切除这一成员将是值得赞赏的，也是有利的。现在，每个个体与整个社会相比，就像是部分与整体。因此，如果一个人对于社会来说是危险的、具有传染性的，那么，为了保障公共利益而杀死他，也是值得赞赏的和有利的。"① 为了证明这一观点对死刑的保护是多么根深蒂固，请允许我仅仅指出在托马斯·曼（Thomas Mann）的《魔山》（Montagna incantata）中纳夫塔（Naphta）所做的推理。这位"革命的反动派"反驳了塞塔姆布里尼（Settembrini），后者刚刚对自己慷慨激昂的反对死刑的言论做了总结。他是这样反驳的："一旦某种凌驾于人或个体之上的东西处在危急之中，那时，不但个体的生命要为了更高的思想毫不犹豫地牺牲掉，而且，个体甚至要自发地献出自己的生命，这样做才配得上人的称号。"

以贝卡利亚为开端的第一批主张废除死刑的理论在关于社会与国家的个人主义概念的语境中获得了发展。这一概念完全颠覆了整体与部分之间的关系，并自霍布斯以来，使以社会契约为基础的国家概念成为可能。贝卡利亚不仅是一个契约论者，而且众所周知，他还把国家的契约起源论作为自己的论点之一。

---

① 圣托马斯·阿奎那（San Tommaso d'Aquino）:《神学大全》（*Summa theologica*）II^a, II^{ae}, q. 64, art. 2, 又见塔帕雷利（L. Taparelli）:《关于自然法的理论论文》（*Saggio teoretico di diritto naturale*, 1848），第 840 节。

对于国家可以用死刑来惩罚罪犯的权利的否定,当然不能被视作将国家起源追溯到社会契约的所有理论的逻辑推断,因此也不能被视作这些理论的必要组成部分。最好的证明就是,有着一些既是契约论者又主张不废除死刑的思想家[最有名的例子就是卢梭,还可以加上我们自己的菲兰杰里(Filangieri)]。但是,与思想家们普遍用来证明死刑合法性的主要概念不同,个人主义的概念使得对死刑的拒绝即便不是义不容辞的也会是可能的。在为死刑辩护的《法哲学》(*Filosofia del diritto*)第100节中,黑格尔就他对贝卡利亚的批评用作反驳他所深为不喜的社会契约理论的另一个论点的借口。

3. 主张废除死刑的理论,尽管相对来说它的历史还不长,但已取得了相当大的成功:如果不能说全面废除了死刑——因为考虑到还有比已经废除死刑的国家多得多的国家还保留着死刑,但至少可以说,死刑被部分地废除了。我觉得有必要再次强调我们目前所讨论的问题,即死刑的彻底废除,但这些天来,那些还保留了死刑的国家却将论题局限在特别严重的罪行日益减少的数量之上。对于限制死刑的立法适用范围的必要性已不再有什么争议了。因为死刑早已不像在曾经的几个世纪中发生的那样,由于考虑到它易于执行,且具有最大的威慑力(事实上它被看作唯一真正有效的威慑),而被作为主要的刑罚手段了。人们可能会说,在启蒙运动的大讨论之前,大多数的立法者都赞同德拉古(Draco)的看法:当他被问及为什么那么严酷时,他回答说,死刑对于那些小偷小摸来说是公正的,遗憾的是,他没能发现更重的刑罚来对付那些更重的罪行。在贝卡利亚之后，人们不仅质疑死刑是否在伦理上合法，而且质疑死刑是否真的是最严厉的刑罚。

为了帮助我们理解死刑合法地位的逐渐消亡，我们应该考虑到以下三点：

(a) 需要强制判处死刑的罪行的数量正在减少，而把是否判处死刑留给法官与法院来裁夺的罪行的数量正在增加。

(b) 在法规全书上保留了死刑的国家中，死刑不一定全都被执行。所以所有关于死刑情况的报告都列出了那些已**实际**废除死刑的国家与那些**在法律上**废除了死刑的国家。

(c) 即使是在那些法律上保留了死刑以及宣判了死刑的地方，也有一种**无限期拖延执行**以及赦免的倾向。

虽然在启蒙运动以来的一个长时段当中，关于死刑的数据——包括实施死刑的国家的数量以及当判死刑的罪名的类型——有了明显的降低，但为了全面了解死刑的相关情况，还有两个因素要特别考虑。首先，主张废除死刑者不断胜利，但止步于最后一座堡垒之前，这座堡垒为全面废除死刑设置了难以消除的障碍。因此，不能认为赞成与反对死刑的争论已告终结——废除死刑的胜利之路还很远。其次，废除死刑的这种趋势，只要不是从长时段而是从几个短的时间段来看的话，还是很清楚的，甚至有时候看上去是时断时续地推进的。

就这场争论的情形而言，应当记住，在那些还没有全面废除死刑，其问题只是有待立法的国家里，或者在那些最近才刚刚引入改革的国家里，争论要比其他地方热烈得多。在像意大利这样的国家里，法西斯主义垮台之后，对死刑重又废除，而且事实上被宪法化了。至少目前没有什么证据能表明，它又要回到传统的反对废除死刑的学说上去，尤其是与美国和法国相比较，情况更是如此。我所谓的"学说"，意指哲学家、心理学家、法学家等的讨论。但有些论据也倾向于盎格鲁－撒克逊的作家们所谓的"民情"或"常识"。事实上，那些讨论这一主题的人会经常解释说，在一般民众与专家之间，有关死刑问题的看法是非常不同的。现在，在各种人权组织中，甚至在圣公会中（与看上去很牢固的传统相反），废除死刑的主张相对于其他各种主张是占有优势的。然而，如果我们相信民意测验的话（尽管对其可靠性仍有严重的怀疑），民意仍继续反对废除死刑，甚至还要求在那些已经废除了死刑一段时间的国家里重新恢复死刑。就像我曾提到的意大利，我几乎不能不提及，当知识阶层还没有任何迹象来提出犯罪暴力与政治暴力的增加以及其日益增加的邪恶性质等问题时，公众意识就已证明对这些问题非常敏感了，这可以通过从信件到报纸、日常对话，以及对极端右翼运动和党派斗争的反应等方面推断出来。在专家与公众的观念中存在着差异，这一事实已被以下论据证明。它是在那些讨论最为激烈的国家里，反对废除死刑的那些人为了支撑、证实其论点而采取的说服力较弱的论据之一，即所谓的"常识"。意大利纳粹时期，意大利部长罗科（Rocco）就是用它来证明死刑的恢复的。然而，由于以下几个原因，这个论据并不有力：（a）流行的死刑执行方式("射杀他们中的大多数")是无差别的,在重罪与轻罪之间没有作区分。(b)民意变幻无常,很容易受环境的影响。(c)原则问题不会让自己依靠大多数原则来解决。

废除死刑运动的不规律的发展,只是一种次要的观察。与此相较,必须要做的主要观察是:死刑立法的呼声,反映了一个给定的社会的紧张程度以及(经常是随之而来的)制度上的专制程度。如此一来,尽管长期的总体趋势是对死刑的属地理由(ratione loci)及属事理由(ratione materiae)进行了限制,但还是会出现这种情况:在一个已废除死刑多年的地方,死刑又被短时期地恢复了,纳粹统治下的意大利就是一个典型。关于死刑的讨论对于公共治安状态的依赖,被如下事实所确证:在意大利,尽管废除死刑的扎纳德里法典(Codice Zanardelli,1889)被写进了法律,但在社会冲突逐步升级并常态化的情况下,死刑的恢复问题从未被严肃地提出过;独裁制度——如法西斯主义制度——要恢复死刑时,部分地因为紧随第一次世界大战而来的每况愈下的社会冲突,于是公众表示了赞同或至少是保持中立,死刑因而也就被恢复了。如果说有什么阻力的话,考虑到当时广泛存在的因循守旧的态度,它也是仅以纯学术的形式出现的〔我们应该记得保罗·罗西(Paolo Rossi)的书出现于 1932 年〕。

4. 当前对死刑问题的争论特别激烈,不仅仅因为人们对于通过立法来解决这一问题继续抱有兴趣,还因为它已成为大多数身为纳税人的当代道德哲学家们(尤其是益格鲁-撒克逊国家的道德哲学家们）所参与的一场争论——关于生命权的争论——的组成部分。要想对这一争论的广度及重要性有一个大概的了解，人们就应该考虑到：除开狭义的生命权，即不被杀的权利，它还包括被生下来或被救活的权利、不被放任去死的权利，以及保持活着或继续存活的权利。考虑到不对别人负有相应责任的个体就没有权利，以及每项责任都需要一个必要的规范，所以对于组成生命权的四种权利形式的争论，又引出关于以下几种责任的有效性及可能受到的限制的争论：不杀人、不流产（或导致流产）、帮助生命陷于危险中的任何人、提供最低限度的生存必需品给那些缺乏它们的人。用立法用语来说，这四种责任预设了四种命令：其中前两种是否定的（或不以特定方式行事的命令），后两种是肯定的（或以特定方式来行事的命令）。

直到生命权引起了人们的关注，死刑问题才被引入严格意义的生命权的普遍讨论之中，随后又出现于关于"不可杀人"这一原则的有效性及其可能受到的限制的讨论中。对于那些相信"不可杀人"这一原则具有绝对有效性因而是康德意义上的绝对命令——即不考虑例外情况——的人来说，死刑问题已经解决了，即实施死刑是不合法的。但是，真的存在绝对命令么？康德本人可是死刑的支持者。那么"不可杀人"不是一条绝对命令么？幸运的是，我们不必就此问题做出答复，而现实中，关于死刑的合法性问题的争论一点也没有缓和的迹象，还在继续为道德哲学家之间的复杂争论提供材料。这意味着，论战各方都没有从"不可杀人"这一训诫的绝对有效性的前提出发，因此也就没有从将生命权视作一种无一例外地在所有情况下都适用的绝对权利的观点出发。所谓的基础权利当然也包括生命权,正是由于其普遍性,这种权利才被称作基础性权利。也就是说,它们对任何人都有效,而不考虑种族、国籍等,但却不必无一例外地适用。① 我并非意在暗示根本不存在绝对权利(在现代意识中,我相信,不被折磨的权利、不被奴役的权利,就是绝对权利的例子),而是在简单地表述:生命权的绝对性,在支持废除死刑者看来,并不会被经常用到(而且也很难这样做)。那么,在承认了"不可杀人"这一训诫也考虑例外情况之后,争议点就在于:死刑是否可以被视作例外?由于在所有的辩论中存在一条通则,即谁要为普遍原理的例外情况辩护,就必须证明其正当性,所以对于支持死刑的人来说,就需要创造一些论据,使得对死刑的允许成为可接受的;而对排斥死刑的人来说,则要驳斥它们。从程序上讲,从开始到今天,关于死刑的争论,已经包含了我前面对于辩论所做的描述,即需要证明对于禁止杀人而言的例外情况的合法性,也包含了对于那条训诫持续的辩护,至少是在某些特定情况中的辩护。

5. 用来证明死刑的两条最普通(和容易)的证据是死刑的**必要性**及死刑是一种**自我防卫**,就像论证武力用途的历时几个世纪的争论一样,这种论据演变成了为通常被视为不义的行为

---

① 关于这一点,我想请大家注意费什金(J. S. Fishkin)的《暴政与合法性:政治理论批判》(*Tyranny and Legitimacy. A Critique of Political Theories*, Baltimore and London: The Johns Hopkins Press, 1979)一书。该书认为政府原则的无一例外的应用,其结果将导致作者所定义的"暴政"的合法化。

寻找一个正当的理由（iusta causa）。最能引起人们的历史兴趣又可以给我们很多教益的例子，是关于正义战争的问题。众所周知，**必要性**与**自我防卫**证明了一项罪行的合法性（随后就是免于指控与惩罚），被所有国家的刑法所承认。因此，争论就在于，对于个体来说有效的东西是否当然也对国家有效。对于国家来说，这的确是更可证明为正当的，因为国家对个体的至高无上的主权奠定了盛行了如此多个世纪的**国家理由**学说。这一学说承认国家做出那些在个人行为中不被允许的行为时，一般规范是可以被悬搁的。当然，用来证明国家极端严重的行为——如杀人——的合法性的这两个原因，也可以从个体的视角出发被视作是他或她掌握了生存的普遍权利，这种权利可以从相应的"不去杀人"的普遍义务中衍生出来。如果我们从"生命权不是一项绝对权利"的前提（就像将"不去杀人不是绝对的"作为前提一样）出发，就会引出这样一个结论：这项权利是可以被丢弃的。（还能引出另一个问题：一个人能否宣称其生命权，以及生命权是否伴随着活着的责任。）在下列两种环境中，生命权可以被丢弃：当它与一个被视作优先于它的基础权利发生冲突时；当这项权利的持有者没有意识到这项权利且去侵犯了别人的同一权利时。——换句话说，当它与**另一项**权利或与**另一个人**的这项权利发生冲突时。考虑到各种情况，必要性与自我防卫可以被用来证明基于个人生命权的死刑的合法性，在如下两个条件下，个人可能失去其生命权：根据基于必要性的证明，当个人的生命权与国家的安全发生冲突时；根据基于自我防卫的证明，当危及其他人的生命（对这些人来说，公共权威扮演了复仇者的角色）时。

然而，这两条论据都很软弱。之所以我还要提及它们，是因为它们虽并不充分却还是经常被使用，尽管现在更多地被作为**常识**而非哲学学说来使用。它们的软弱源于下列事实：我们还没有去面对这一困境，即实施死刑抑或让犯罪行为逃脱惩罚。死刑或者说合法杀人，对国家而言，只是有效的可能的惩罚形式中的一种而已。人们不能只讨论死刑的立法或适当，而不考虑如下事实：死刑并非唯一的对罪行进行补救的办法，还有可供选择的其他惩罚方式。作为论据的必要性和自我防卫乃基于这一前提，即在特定环境中，当他或她不可避免地要触犯法律（必要性超越了法律），或者是他或她的生命遭到严重威胁时，除了杀人，个人没有其他选择。国家垄断了对武力的使用，但通常却未发现自己身处这种环境中（尽管某个警察可能会遇到这种环境，但毕竟他像任何其他公民一样是可以从情有可原的自卫情况下获益的）：国家被赋予了可供选择的多种惩罚方式，因此它未被强迫去执行死刑。

当这些可供选择的惩罚方式，包括像终身监禁这样严厉的刑罚，不可避免地被纳入考虑范围时，关于死刑的整个争论就转入了对死刑以及其他选项之间的比较上了。争论不再是对破坏"不可杀人"这一规诫的证明了（这一问题被单独拿出来讨论，因此就像是一个**绝对**问题），而更是关于某些特殊的可代替死刑的实用惩罚方式是否存在的争论了（因此这一讨论是**与众多惩罚方式相关的**）。换句话说，问题不再是简单的作为有正当理由的杀人方式的死刑能否立法和是否适当的问题，而是相较于并因而相对于其他制裁方式而言合法杀人能否立法和是否适当的问题。因此这一问题是与其他刑罚相关的。死刑的拥护者们不能只把自己局限在那些支持搁置"不可杀人"这一规诫的论据（如必要性及自我防卫）上，虽然个人行为中或发生战争的情况下，杀人在某些条件下是被允许的，比如说国家对抗其他国家时可以不采取代替死刑的如拘禁之类的其他惩罚，但必须用论据来证明**尽管**国家还有其他有效的惩罚犯罪的手段（因此也有防止犯罪的手段），但依法杀人还是合理的。当贝卡利亚发表第一个公开声明来谴责死刑时，他所使用的并被证明为最有效的一个论据就是终身监禁比死刑有更强的震慑作用。因此，与终身监禁相比，死刑"既无用处，又无必要"。

6. 死刑一旦从可以搁置"不可杀人"这一训诫的讨论被转移到国家可以借以开展其惩罚及防御责任的不同制裁方式之性质与功能的严格的刑法争论中，死刑也就因而被理解为一种制裁方式以及众多有效惩罚方式之一种，该方式既可惩罚罪犯（quia peccatur），又可阻止在未来出现类似的犯罪（ne peccetur）。于是，这种有关死刑的争论中就出现了两种主要的理论，它们又都须接受考验，被追问是否具有"好的理由"（buone ragioni）：一是报偿的理论，根据这一理论，惩罚的本质目的在于报偿由邪恶激情（malum passionis）所产生的邪恶行为（malum actionis）；一是预防的理论，根据这一理论，惩罚的本质目的在于阻止那些法令认为有害的行为，因此，一定要形成一种震慑。

在这两种理论之间还是存在着显而易见的差别，尽管在实际运用中，有些人可能同时引用来自这两种理论的观点以支持自己。而一般来说，大多数支持刑罚的报偿理论的人都拥护死刑，而拥护废除死刑的人主要出现在支持刑罚的预防理论的人们中间。这两种理论间显而易见的区别，基于它们处理这一问题的一般方法的不同。关于死刑，在国家可能采取解除其责任的其他行为之外，有两个不同的问题可以被提出：（a）在伦理上它是否合理。（b）在政治上它是否适当。这两个问题一定要保持区分，因为它们可以导致不同的回答：一个行为的原因在伦理上讲是公正的，但在政治上讲可能是不当的；反之亦然。伦理学与政治学之间长时期的冲突就是由这种区别引发的。就像已被多次观察到的，伦理学与政治学之间的冲突，实际上是两种伦理之间的冲突（马克思·韦伯分别称之为信念伦理与责任伦理），或者，如果你愿意，它实际上是两种判断人类行为善恶标准之间的冲突：是依照普遍原理通过假定好的行为一定要被规定而坏的行为一定要被禁止呢，还是依照获得的结果——通常被依照功利主义的原理，即最大多数人的最大幸福——来判断呢？（如此一来，两种伦理之间的冲突就被描绘成义务论道德与功利主义道德之间的冲突了。）所以说，拥护报偿理论的人所提出的问题是死刑在道德上是否合理，如此一来，他们就把自己置于基于预先建立的原理来判断行为善恶的伦理位置上了；另一方面，拥护预防理论的人所提出的问题是死刑在政治上是否适当，因此他们就将自己置于基于结果来判断行为善恶的位置上了。

我想要请大家注意解决这一问题在一般途径方面的区别，是因为它可以帮助解释：为什么在报偿理论与预防理论之间的敌对争论，看上去往往像是聋子之间的对话。"因为有罪的人被判死刑是正义的，所以他就应该被判死刑"是一个关涉到原则的伦理或道德合法性的问题；"因为死刑比其他刑罚更具威慑力,所以死刑就应该被实施"是一个关系到结果的伦理或政治适当性的问题。前提方面的这一分歧,最好地证明了:双方所使用的一个基本论点,不是为了支持自己的理论,而是为了驳倒对方的理论。康德基于报偿理论而拥护死刑,他拒绝威慑的观点,认为它是不道德的,因为它违反了"人不应该被用作手段"这一规诫。功利主义者,他们相信死刑没有用处,因为它比其他刑罚的威慑作用更小,他们拒绝报偿的观点,认为它只是愚钝的、不人道的道德上的严谨。

那么,总的来说,那些将死刑理解为正义问题的人[fiat iustitia, pereat mundus(即使天塌下来,也要坚持正义)],不得不撇开社会功用的任何指引,而是要去证明:就报偿原则建立的有关正义的原理(总的来说,它和交换正义、算术正义一起,只是正义的一个亚种)而言,死刑是正义的。那些纯粹从功利主义角度来理解死刑的人,他们没有依赖于任何建立在抽象正义基础之上的观点,他们之所以反对死刑,是因为死刑没有起到为国家给自身设定的那些目的服务的作用,那些目的无非就是杜绝犯罪,它们都是些非道德的目的,正如国家也是非道德实体一样。对前者来说,死刑甚至可能是有用的,但重要的是它是正义的。对后者来说,死刑可能是正义的,但重要的是它要有用。当他们不认为它有用时,死刑一定会被作为一项不必要的恶而被排斥;而对其他人来说,死刑满足了对正义的需求,因此不得不被通过,因为它在道德上讲是好的,而不管它是不是有用。

7. 哲学前提中的这种分歧当然是造成下列问题的原因之一:为什么争论从不完全止歇,而总是常争常新、激烈而持久,论战双方都永不认输。但它又不是唯一的原因。应该记住，一场道德哲学方面的争论不属于论证逻辑的领域，而属于［套用佩雷尔曼（Perelman）的表述］好辩逻辑以及修辞学的领域。因此，无论正方反方的论点，都不能使对方无效，且都不是决定性的。没有哪一方提出的哪个观点是不能被对方所反驳的。没有哪一个为了辩护某理论而提出的"好的"理由，不会被为了维护相反理论而提出的另外一个"好的"理由给抵消掉。

请考虑以下问题：报偿理论的力量在于它对正义报复或交换正义的诉求，根据它们，任何社会所赖以建立的规则之一就是，在付出（或工作）与收入之间的相当（即一般"互惠主义"原则的应用）。所以报偿理论在断言下列事实时有其弱点：执行死刑所能得到的唯一可能的回报就是收获死亡。康德讨论说，不管谁杀人都应该死（并且这是一项绝对命令，而非假定的责任），而且"没有其他可能的替代方式能满足正义。因为在死与甚至是最悲惨的生之间，也不可以相提并论，所以除了将罪犯依法处死之外，没有与罪行相等的其他方式或报偿方式存在"①。在使用这一论点时，他理所当然地认为死就是所有邪恶中最坏的事情了。但情况若非如此，那又怎么办呢？当然，当康德说"在无论多么艰难的生与死之间都没有可比性"时，他的用意在于反对贝卡利亚及任何追随贝氏的人的理论。但是，

---

①康德：《道德形而上学》（*Metafisica dei costumi*, Torino: Utet, 1956），第522页。关于康德和刑法，请参看最近一本重要的专著：卡塔内奥（M. A. Cattaneo）：《康德哲学中的尊严与刑罚》（*Dignità e pena nella filosofia di Kant*, Milano: Giuffrè, 1981）。

他的理论是未经任何证据证明的表述。

现在，报偿理论被迫放弃它的神圣原理，回到地面上来了。它不得不去处理经验数据，并沿着那条相当危险且不确定的所谓"优先权"的讨论（像费尔巴哈及以后许多人曾使用过的）的小路走下去：如果罪犯可以在死刑与终身监禁之间选择，他会选哪一种呢？毫无疑问，报偿理论的拥护者被迫沿着这条路线来讨论，因为他的理论的好与坏都取决于他是否能证明：什么样的刑罚对什么样的罪恶来说是公正的（并且对于最严重的罪行杀人来说，公正的刑罚一定要是最严厉的刑罚）。但同样确定的是，在我的意识中，优先权的讨论，在几种情况下已经被驳倒了：既因为像这样一个论点一定要通过不同人群的大量例证来支持，而这是一项永远无法被严格操作的艰巨任务；还因为，在对立即死亡与延长至可能会是一个很长时期的拘禁结束后的死亡之间所做的选择，不是在感情上具有可比性的两个选项，因为前者是确定的，且排除了所有希望，而后者则为希望或幻想留下了空间，因此在长时期内境况可能会改善。被判刑者宣布优先选择长期拘禁，这一事实并不能证明他对死刑怀有更大的恐惧，就像一个人的情绪化表达一样，从中不能得出任何结论。①

而目前在支持废除死刑者中占优势的（考虑到习惯上死刑

---

① 此处未提及一类案例，即被判罪的人优先选择执行死刑。有一件最近发生的案例，曾造成一些震动。曾当过警察的科波拉（Frank J. Coppola）因在一起抢劫案中杀死了一名妇女，被宣判死刑。虽然他的无罪抗议坚持到了最后一刻，但却拒绝了所有推迟行刑的尝试，并声称，"为了维护自己的尊严，为了避免使自己的家庭陷入更长的痛苦之中"，他死志已决。

的合法性已由报偿理论的拥护者们论证过了）预防理论的弱点是，它将所有或几乎所有的赌注都押在一匹马——震慑——的身上了。它的主要论点是死刑并不具备人们曾（武断地）赋予它的那种震慑效果，因此，从功利主义者的视角来看，死刑缺乏那个唯一的 raison d'être（存在理由）。这种论点的弱点是，迄今为止还没有关于不同刑罚的震慑效果的确定性证明，尽管有民意测验以及在那些废除或恢复过死刑的国家里所做的关于废除或恢复"之前"及"之后"的实证研究。社会科学在这个领域内也在近似值问题上卡住了。当然，这不是社会科学家们的错，而是组成研究对象的这些实体（人类）的几乎是无穷多的变量，以及个体运转于其中的变动不居的环境的问题，因此，很难在所有其他条件都相同的情况下去做同样的观察。有许多变量必须被纳入考虑范围，其中最主要的有罪行与动机的不同寻常的变化，以及被发现与被惩罚的可能性的变化。贝卡利亚提出了这一问题：谁具有更大的震慑作用呢，是刑罚的严厉性还是刑罚被执行的可能性？只有在废除或恢复死刑"之前"与"之后"，刑罚被执行的可能性都保持恒定的情况下才可能进行比较。在意大利关于恐怖主义及其与绑架的关系的争论中，人们反复提出这一问题：就恐怖主义的败退与绑架数量的减少而言，谁的贡献更大：是因为引入了更严厉的判决呢，还是因为提高了打击犯罪的效率呢？如黑手党之类的强大犯罪组织因死刑的震慑（他们只知道死刑）表现出对法律超乎寻常地遵守，因为对任何不遵守法律的人来说，能逃过这一刑罚的可能性都很小。

　　这就是围绕着死刑与长期监禁的震慑效果的怀疑，因此有些主张废除死刑的人就被迫转而求助于一个赌注（与帕斯卡的赌注一样，输赢的机会均等）：支持死刑的人将赌注压在了它的有效性上，而其对手压在了它的无效性上，从这个意义上讲，不管是保留死刑还是废除死刑都基于一个赌注。但在两个赌注中有一点不同：压在有效性上的，如果这种怀疑被断定为支持相反的论点，就会导致一个不可逆转的后果；但是压在无效性上的人，因为保留了一条性命，如果发现其立场是错误的，还有逆转的可能。只要"死刑与终身监禁哪一个更具震慑效果"这一问题还没有确证，赌注论就是临时有效的。帕斯卡赌注之所以貌似有理，源自这一事实，即关于天堂地狱存在与否的疑问是人力无法解决的一种根本性怀疑；而主张废除死刑的赌注却基于一个可以被解答的怀疑，而且如果解答的结果不利于主张废除死刑的理论的话，它就是一个意味着他们真正失败的赌注。由此引出一个结论：如果一个人想要把废除死刑的理论种植在坚固的土地上，他就不能把自己限制在震慑论上，因为如果不可辩驳地证明了死刑确实比其他刑罚更具威慑作用（这绝非不可能，至少在某些特定情况下对某些特定犯罪是可能的），他将不得不承认失败。①

8. 事实上，一个理论，尤其是一个道德与政治领域内的理

---

①有关"优先权"与"赌注"的讨论，我受到了下文的提示：康韦（D. A. Conway）：《死刑——某些以对话形式做出的思考》（*Capital Punishment. Some Considerations in Dialogue Form*），载于《哲学与公共事务》（*Philosophy and Public Affairs*, vol. 3, no. 4, 1974），第 431 – 443 页。

论，不应该只由一种论点来支撑。考虑一下发生在法庭内的事情吧：除了律师所谓的主要论点之外，还要有次要论点，其后还跟着附带论点。最接近（且越来越接近）道德哲学的文学流派就是那些总结他或她的案例的律师的作品：你详细说明对手的论点，而且针对每个论点，你都提出了异议，并预期了你将提出更进一步反驳的所有反方论点，如此等等。

关于死刑的争论也不例外。在20世纪60年代由联合国派发给各国政府、非政府团体及个人代表的两份调查问卷基础上形成的一项报告列举了由废除死刑的国家给出的15条理由，其中第一条恰好就是那一论点："死刑作为震慑手段的价值尚未获得证明或尚存争议。"这一论点由"坐牢就够了"的信念支撑，通过下列观察而获得加强：在某些情况下，死刑本身就是犯罪的原因。① 没有必要把所有理由都复述出来，尤其是有些理由只与提出它们的国家有关。所有这些理由无一例外都被反对废除死刑者反驳过，或者可以轻松地用相反的观点反驳。在这些反方论点中，我只需捡出两条看上去是历史上（且今天也是）最为重要的就可以了。一个是哲学的，另一个是更为严格的司法意义上的。

我曾讨论过"惩罚"的两个最基本的观念，分别基于报偿的观念与功利主义的观念。在使用"惩罚"这一术语时，双方都将它理解为国家的任务和利益。但惩罚问题还可以从受惩罚的个人的角度去考虑。从这一视角出发，最通常的观念是赎罪

---

① 联合国经济和社会事务部：《死刑》（*Capital Punishment*, New York, 1962），第30–31页。

与赔偿。在第一种情况下,惩罚的目的不关系到惩罚者而关系到被罚者,他或她不得不通过受苦而有助于将罪行赎回;在第二种情况下,要帮助服刑的人纠正错误,并通过纠错,来使他或她自己恢复名誉。现在,这两种观念,前一种与死刑是完全相容的,因为可以说所有罪行中最严重的谋杀罪不可能赎罪,除非是通过被理解为对罪恶的净化与对污点的清除的死刑(血债血偿)。第二种观念,则与死刑完全不相容,原因很明显,要纠正错误的必要条件就是活着。从罪犯视角出发的两种惩罚观念,与从公共权威出发的两种观念,存在着一种明显的对应。基于赎罪的观念,可以用来加强支持死刑的观点;而基于赔偿的观念,则可以用来加强废除死刑的观点。然而,在它们自己的术语体系内,它们都是无可辩驳的,因为它们都建立在价值论的前提之上,而这些前提,如果不是纯粹出于感情,就是植根于难以进行比较的复杂的信仰体系中的。

主张废除死刑最强有力的法律方面的论点是,死刑的执行会让任何司法错误都无法挽回。没有哪一种关于死刑的论著不涉及这样的案例:在其中,被宣告为罪犯的人,在死于绞刑架之后,其无罪证明**却又被找到**。一直以来,人们认为如下观点似乎可以接受:消灭如此多邪恶罪犯的身体所获得的社会利益超过了一个无辜者枉死的社会代价。而事实上,在这一观点面前,人类良知大都畏缩不前。反对废除死刑的最为容易的回应是:在"保留一个罪犯好过枉杀一个无辜"这一明智格言的基础上,死刑应以最大的谨慎——且只有在绝对确定罪行的情况下——才能使用(如果死刑是正义且有效的,它的存在才是最重要的,而它的施行慎之又慎则非关键所在)。即使把这一回应搁置一旁,仍然有一个反对废除死刑的观点至少与司法错误的观点有相同的说服力。反对废除死刑者可以举出许多杀人惯犯的例子,那些危险罪犯,在服刑期结束被释放后或逃跑后又再犯罪。① 毫无疑问,这些再次犯罪的罪犯的案例确实提出了这个令人困扰的问题:"如果他们被判死刑,那些无辜的生命不就被拯救了么?"如果我们接受那条格言"保留一个罪犯好过枉杀一个无辜",那么对于"无辜的人死了不要紧,好在罪犯还活着",我们会怎么说呢?甚至是在下列情况下,这一问题会变得令人尴尬:惯犯的受害人从法律方面看并非无辜(比如罪犯为了自身受到了实际伤害而进行报复),而是在法律上可被指控的人。考虑到普通罪犯及恐怖分子——在死刑仍然有效的国家里,他们可能已被处死了——的再次杀人案多得令人吃惊,人们无法回避这一问题。

最后,关于死刑的争论不仅包括这些跳来跳去的观点,还包括那些可逆转的或具有两面性的观点,即它们可被任何一方使用。其中一个相当古怪的例子是有关死刑的"严酷性"的问题。这一问题对它的论战双方来说构成了废除这种"严酷"的一个人道主义的原因。另一方面,约翰·斯图亚特·穆勒——一位当然不能被指责为保守派的哲学家——在英国国会发表了一份演说,支持保留死刑来对付那些最严重的罪行,理由是废除死刑将"在国家的一般思想中"产生"一种衰弱、一种柔

---

① 有一件特别骇人听闻的案件路易斯·阿伯特(Louis Abbott)案。他是一名被监禁的作家,在被原谅且被释放之后,又进行了一次严重的暴力犯罪。

弱"，这会使得那种视死亡为不名誉的风俗受到破坏，而这种风俗恰恰是社会所依赖的，也是被社会视为一种必要的社会良俗的。① 但最令人感兴趣的逆转的例子是对"不可杀人"这一规诫的不同使用。支持死刑的人经常求助于这一论点：对杀人犯实施死刑，是对"不可杀人"这一规诫的庄严（现存最庄严的）履行。它是从这一意义上讲的：如果某人的生命是被尊重的，那么他人的生命也必须被尊重。另一方面，对于支持废除死刑的人来说，死刑是对"不可杀人"这一责任的不能令人接受的侵犯。这一观念，没有谁能比陀思妥耶夫斯基借米希金公爵之口所说的话表述得更好了，这些话在小说的开头，几乎是作为对主人公的介绍而出现的："去杀一个杀人的人是一种远远超过其罪恶本身的刑罚。合法地杀人比坏人杀人更是无比可怕。"一方面，"不可杀人"的规诫被用来证明死刑的合法性，而另一方面，又用来驳斥死刑。

9. 我曾尝试为其做出简单总结的关于死刑的争论，还会继续下去。不要让人以为论战双方决定性的胜利（我是说"**决定性的**"）就在眼前。为数不多的几个确定不变的历史教训之一就是暴力产生暴力，不仅是在实践中如此，而且，更为严重的是，它会在行动之前或之后，动用伦理学的、法学的、社会学的全部证明来证明它的合法性。没有哪一种暴力，即使是最无情的暴力，不被证明为是对其他人的暴力的回应而且是唯一可能的

---

① 《刑罚选读本》（*Punishment: Selected Readings*, a cura di. J. Feinberg e H. Gross, Encino: Dickenson, 1975），第 123 页。

回应：作为对政府暴力的回应的反叛者的暴力，以及作为对反叛者暴力的回应的政府的暴力，以及在这一无休止链条上以此类推的其他暴力；就连家庭间及私人间的仇杀也能形成无休止的链条。

在本文中，我主要谈的是普通罪犯的暴力。但人们不应忘记，在更为广阔的历史舞台上，政治暴力占据了相当大的地盘。而且，与包括集体暴力与战争在内的政治暴力相比，谈论像有关死刑的废除这类问题，可能会显得不可饶恕的天真。人们不能无视政治暴力，因为它引起了对死刑以及对使用杀人手段（甚至是政府对杀人手段的使用，尽管大体来说这种政府使用都是以我在开头提到的那些司法程序之外的形式出现的）的持续不断的需求。直到19世纪，在自由及宪政国家的发展过程中才出现了一种倾向，即在考虑以反抗国家制度（尤其是既不民主又非宪政的专制国家的国家制度）为目的的暴力行为的政治动机时，会带有一定程度的宽容。而几百年来政治罪，即叛逆罪，是要用最严厉的手段来对付的。现在，我们面临着政治恐怖主义的激增，即使在自由与宪政国家中这一倾向也已被翻转，最明显的特征就是特殊立法的通过。

我们一定不要创造虚假的希望。另一方面，我们一定不要忘记我们已经取得了多大的成就：我们已经跨出了很多步，其中有些进步我们始终没有充分了解。从人类社会发端到与我们如此迫近的终点，以至于实际上就是到昨天还是这样：国家权力的标志一直都是掌握生死的权力。伊莱亚斯·卡内蒂（Elias Canetti）在其深刻反思中对作为权力表现的生存做了评论（我的生存有赖于你的死亡，mors tua vita mea）："没有人可以接近

（专制君主）。使者或任何必须要接近他的人，都要被检查是否携带了武器。死亡有组织地与之保持距离，但他自己却可以且必须要宣判别人的死亡。他可以在任何他愿意的时候宣判，而且他的判决总会被执行。这是他权力的标志，而且，只要他宣判死刑的权利继续保持无竞争状态，他的权力就是绝对的。"在最后一页，他又说"死亡的威胁是权力的钱币"。他还就在所有时代各种不同地方这种权力的范围及频繁程度给出了大量惊人的例证。关于一位非洲国王，他写道："他的所有命令都必须被绝对遵守，漠视任何一道命令都意味着死亡。此处，命令以其最古老最纯粹的形式展现自己，就像狮子通过死刑威胁着弱小的动物一样。"①

我从"在无休止的链条反应中暴力产生暴力"这一事实中提出我最强有力的反对死刑的论点，或许这是唯一一个值得为之战斗的论点。对人类的拯救靠的是打破这一链条，过去如此，现在更是如此。如果它不被打破，发生空前大灾难（有些人并非无缘无故地称之为"最后的劫难"）的日子或许并不遥远了。所以，我们必须要开始行动。废除死刑只是一个小小的开始，但对于在传统中被描绘为不可抵抗的国家权力而言，这将是在它的实践与观念方面的一个巨大、激烈的变迁。

---

① 卡内蒂（E. Canetti）：《群众与权力》（*Massa e potere*, Milano：Adelphi, 1981）。三处引文分别见于第 279 – 280，571，515 页。

宽容的理性

Le ragioni della tolleranza

1. 我在此就宽容这一概念及其在不同语境中的用法提出一种思考。这是极其必要的，因为我得出的分析是，"理性"对应着"宽容"一词的意义之一，甚至就是该词历史上的主流意义。当我们谈论"宽容"一词在历史上的主流意义时，这就使我们牵涉进与信仰之共存这一难题的关系之中，这些信仰先是宗教的，然后才是政治的等不同的信仰。时至今日，宽容概念已被扩展了的相关难题则涉及了伦理、语言、种族之共存，总之，涉及了那些被称为"差异者"之共存，比如说，他们中有同性恋者、疯人和残障者。这些难题涉及对宽容的两种理解方式，但对宽容加以实践与对宽容进行合理化，这二者并不是一回事。有些宽容的难题关乎不同信仰或观点，其中真理的话语和对真理的理论兼容或实践相互争执；有些宽容的难题关乎因身体原因或社会原因而被归为另类的人们，这类难题就会引发偏见以及随之而来的隔离问题。理由是可以得到归纳的，实际上，几个世纪以来它们已经得到了归纳，在这几个世纪里，宗教争论激烈地为第一个意义上的宽容辩护，但却与为第二个意义上的宽容辩护所需要归纳的理由毫不相干。所以说，两种形式的宽容所需要的理性是不同的。前者需要打消对真理在握的确信，而后者则要打消偏见，而偏见应被理解为一种观念或一组观念，被非批判地由消极心灵所接受——其根源则是传统、习惯或权威，它们发号施令，只能被接受而不能被讨论。当然，对真理在握的确信也可能是错误的信念,因而也会表现为偏见的一种形式。然而打击偏见需要采取完全不同的方式:用来让某教会的信仰者或某党派的追随者去相信别种信仰或党派存在的论点并不适用于打击偏见,相反应该动用的是让白人与黑人、都灵人与南方人和平共处的那种论据,是消除对同性恋者的社会隔离和法律区隔的论据。宗教宽容或政治宽容的支持者总是面对着这样一种根本的要求,即:在理论和实践上兼容对立的真理如何可能?而另类者的宽容的支持者所面对的应该是另一种根本要求:你如何证明针对少数者的或另类者、反常者、"异类"的不宽容源自深层的偏见,源自种种纯粹的非理性,因而是纯粹感情用事地对人与事件的判断呢?这种差别的最好证明在于这一事实:在第二个场合中,提问往往被设计成——甚至是在国际性的官方文件中——必须予以回击的并非是不宽容,而是隔离:种族的隔离、性的隔离或是族群的隔离,等等。

我之所以在第一个意义上讲宽容的理性,原因在于这一事实:宽容的历史难题源自宗教战争时期的欧洲,先是被异端运动所推动,继而被洛克和伏尔泰这样的哲学家所推动,这个难题在历史上的提出,正如非常著名的约瑟夫·莱德(Joseph Leder,在其1954年版的两卷本著作中)指出的那样,其所针对的乃是不同宗教信仰共存的这一唯一问题,这个问题也仅产生于基督教会大分裂的时代里。

2. 宽容者指责不宽容者狂热,而不宽容者为了捍卫自身,反过来指责宽容者为怀疑论者——至少也是冷漠者,是没有坚定的信念和强烈的信仰的人,指责他们不相信存在值得捍卫的真理,这种争论最著名的一场论战就发生在路易吉·鲁萨蒂(Luigi Luzzatti)和贝奈戴托·克罗齐之间的那个百年之中,前者在其著作(《精神与科学的自由》,1909)中曾盛赞宽容为自由国家的基本原则,而后者声言宽容只是"认知和实践的准则,而非普适的基本原则,有如历史必然具有其固有的标准,并无普适标准可对之加以判断",他还指出,宽容者当中"未必都是精神上的高贵者和英雄,其中不乏巧言令色与冷漠之徒。慷慨丰饶的精神已死,它已引颈就戮"。克罗齐的理由是显而易见的:宽容者可能是"巧言令色之徒"(这个字眼是个泛称,可能针对的是他当时的论战对手),也可能是"冷漠之徒"。当被要求证明何为不宽容之后才能做如是之言时,克罗齐以炽烈天使般的语气回应提出这一要求的人们,在对不宽容者的宽容的历史的核心之处,几无宽容可言。①

总而言之,在不宽容者或使自身超越于宽容-不宽容的二元对立之上的人看来,就对历史的核心而非实践的政治的判断而言,宽容往往并非来自健全的理性,而常常基于错误的理由。如果严肃地致力于捍卫每个人掌握属于他自己的真理——如果他的确掌握这样一种真理的话——的权利,宽容便无从谈起,

---

① 第一处引文引自《文化与道德生活》(*Cultura e vita morale*, Bari: Laterza, 1926)第 2 版,第 100 页;第二处引文引自《散记》(*Pagine sparse*, Napoli: Ricciardi, 1943)第 1 卷,第 247 页。有关本世纪初宽容与不宽容之间的论争的材料与总结性探讨,可参看穆拉(V. Mura)材料完备的专著《乔利蒂时期的天主教徒与自由主义者——有关宽容的论争》(*Cattolici e liberali nell'età giolittiana. Il dibattito sulla tol-leranza*, Bari: De Donato, 1976)。

因为宽容往往对真理漠然置之。

然而切近那错误的理由来看,其中亦有健全的理性,其所呈露者我宁视之为好的理由,因为它们可以把反对与支持的理由结合在一起,或可使人摆脱不宽容的狂热。我相信,冷漠－狂热的二元对立绝非是宽容－不宽容——尤其是宽容－不宽容之实践——的反映。

3. 最活生生的理性,纯粹意义上的实践的或政治的审慎,以及归根结底对不同宗教信仰——甚至是那些基本上持不宽容态度的人所信奉的宗教信仰(因为他们确信真理在握,并把一切与他们有着不同思想的人判为错误)——的尊重,所有这些都是我的出发点:宽容或为小恶,或为必要之恶。这一点当做如是解:宽容并不意味着对自身坚信的信念的放弃,而纯然意味着并直接在可能性上要求根据环境和境况时时检讨此信念,真理完全得益于错误,因为正如历史经验所证明的那样,他人对真理的压制无法扼杀真理,相反会使真理得到加强。而不宽容则不能因其设定获此结果。宽容者与怀疑论者之间的差异亦复由是判然:怀疑论者之为怀疑论者,在于他们昧于何种信仰将能胜出;而宽容论者则出于实践之理性而笃信真理必将胜出,且其必由之路只能是宽容,真理的目的是回击错误而免于受错误的妨害,这一目的只能通过宽容而非不宽容来实现。

这种理性,由于特别地具有实践性,因而表现方式也是多样的,决定其表现方式的因素是我或我的信条或学派、真理的掌握者与他人——沉溺于错误之中的他人——之间的力量关系的不同性质。如果你力量强大,那么容纳他人的错误则不失为明智之举：指控并压制、扩大其污点使其名誉扫地固然不错，但应尽可能以隐蔽的方式进行。压制可能比慷慨、宽大和宽容（包容，但也是审慎）更能使错误得到扩大。如果你力量极小，那么容忍他人的错误则是必然之举；如果我的抗辩被粉碎而我将失去一切希望，那么我的微弱的种子也能在未来结出果实。如果双方力量相等，便会开始博弈，其间的一切交易、一切妥协、一切协议赖以形成的共同遵守的博弈原则的基础就是和平共存（而所有共存都是建立在妥协与强制的基础之上的）；宽容于是便成了交换的结果，成了暂时妥协的结果，成了两造对抗的结果，总之不外乎就是"你让我，我便敬你"的结果。再明显不过的是，我若有权利迫害他人，那么也是在授人以柄，使他人有了迫害我的权利。今天你能这么做，明天我也能这么做。在所有这些情况中，宽容都是公开地、有意识地、功利性地算计的结果，因而与真理问题没什么关系。

4. 越是走向健全理性的更高层面，我们就越是远离纯粹的政治审慎的理由，而转向对真正普适方法的选择，或者说转向对普遍适用于文明社会的方法的选择：宽容与其说是暴力的或强制的方法，不如说是一种说服的方法。一旦以这种方式理解宽容，就不再会存在对错误的消极接受，不再会有对错误的放任，而代之以信任理性或信任他人的理性能力的一种积极态度。代之以这样一种观念，即确信人能够不仅只汲汲于自己的利益，还能从一切人的利益着眼看待他自己的利益，进而有意识地拒绝把暴力当作使他自己的观念胜出的唯一手段。

作为对恶和错误的纯粹容忍的宽容乃是一种神学信条，而涉及说服方法的宽容则是那些最具启蒙精神的哲人们最常论及的主题，他们无不致力于在血流成河的宗教战争终结之时在欧洲使宽容原则确立起来。在名为乌托邦的那个岛屿上宗教宽容得到赞美，乌托普以这种方式对其理由做出了解释："强迫和威胁人人都接受你心目中的真理，那是既横蛮又蠢笨的（insolens et ineptum）。并且，即使情况确是那样——只有一个宗教是真理，其余的都是旁门左道，乌托普也预见到，如能用温和而合理的方式处理问题，真理凭其本身的自然威力迟早会自己呈露出来，受到注意。如果这个争论的解决是通过武力和暴乱，而最坏的人又总是最顽固不化的，那么，最好的和最神圣的宗教也会淹没在一堆互相倾轧的旁门左道中，犹如嘉禾会被丛生的荆棘窒息致死一样。"① 最伟大的宽容理论家约翰·洛克写道：

> 必须期待的是有朝一日真理能够为自己辩护。真理是极少得到，而且我恐怕它是永远也不会得到权势者们的大力帮助的……真理并不是宣自法律之口，也不需要暴力将它带入人们的心灵当中，而谬误倒的确是借助于外力的支持和救助传播开来的。但是，如果真理不以自己的光芒去获得理解力，它也不可能靠着

---

① 托马斯·莫尔（T. Moro）：《乌托邦》（*Utopia*, a cura di L. Firpo, Napoli：Guida），第287页。（汉译参考戴镏龄译文，北京：商务印书馆，1982，第105 –106页。——译注）

别人的力量获得成功。①

我想将这两个段落加以扩展,即便它们是众所周知的,因为这两个段落中表达的观点一旦从宗教领域扩展到政治领域,便能代表一种大有希望的理由,对民主政制以及民主政体相对于所有形式的专制所具有的独特性质之一做出论证。民主种种可能的定义之一特别强调,民主在于用说服的技术取代强迫的技术以作为解决冲突的方式。这样做并不是为了让说服性的论证的特性和"新修辞术"广为流布。但众所周知的是,新修辞学派确乎有助于解释论说中的修辞性的推理和有效的民主方法之间存在着关联。

5. 让我们再更进一步。除了方法论方面的理由,我们还可以被引向宽容的一种道德方面的理由,那就是对他人人格的尊重。在这里,宽容同样并不取决于对我自己持有的真理的放弃,也不取决于对一切形式的真理的冷漠。我坚定地信仰我的真理,但我也必须要遵循这样一条绝对原则:对他人人格的尊重。显然这里存在着理论理性与实践理性之间的冲突,存在着我信仰什么与我必须做什么之间的冲突。实际上这里也有着两种道德原则之间的冲突:一方面是迫使我将我的真理置于一切之上的

———————
①约翰·洛克(J. Locke):《关于宽容的第一封信》(*Prima Lettera sulla tolleranza*),见《论宽容的著作集》卷 1(*Scritti sulla tolleranza*, a cura di D. Marconi, Torino: Utet, 1977, vol. I),第 165 页。(汉译见吴云贵译《论宗教宽容——致友人的一封信》,北京:商务印书馆,1982,第 34-35 页。——译注)

坚持的道德，另一方面是对他人的尊重与对他人的包容之间的道德。

说服的方法与民主政体形式紧密相关，而对一切人有精神能力获得自身信仰的权利认可则与对自由的权利的确认紧密相关，而自由的权利，首先就是宗教自由的全部权利，继而是言论自由的权利、种种所谓自然的和不可侵犯的权利，这些权利将为自由的国家奠定基础。毕竟，自由的国家和民主的国家是一而二、二而一的，即便不一定能历史地这样讲，也一定能理论地这样讲，因为后者是前者的必然延伸，而凡是在它们相互强制的地方，二者总是共同衰落。

如果要让他人接受真理，则必须通过他亲身的认信，而不能动用强制。从这种观点来看，宽容并非仅是一种较小的恶，不仅是对优先考虑与他人共存的方法的采纳，而且也是对如下绝对要求做出回应的唯一可能的方式：内心的自由是非常高级的善，因为它几乎不能靠认可获致，而毋宁由邀请而获得。在这里，宽容之所以可欲，并不是因为社会功利性或政治实用性的缘故，而是因为道德责任的缘故。同样也是在这里，宽容因人信仰其信仰而非怀疑论的。它亦非冷漠的，因为它从某种绝对责任——比如对他人自由的尊重的责任——中汲取自身行动的愿望。

6. 除了从实践理性观点出发考量所得出的以上三种宽容信条之外，还有从理论观点，即从真理性质自身出发考量得出的宽容信条。这些信条认为，真理只能通过局部真理间的比较与综合才能实现自身。在这些信条看来，真理并不是单数的。真理有着多种多样的面貌。我们生存于多维宇宙（multiverso）而非单维宇宙（universo）之中。在此一多维宇宙之中，宽容并非一种较小的恶，而是一种唯一的共存方式，它并非基于某种道德责任，而必然内在固有于真理的性质之中。

这种必然性至少蕴含了三种具有代表性的哲学立场：共融主义（sincretismo）的立场，这种提法源自神学的巨大争议时期的基督教人文主义，而在今天的剧烈意识形态冲突时期则植根于基督教与马克思主义相互结合的种种尝试；折中主义（eclettismo）或"折中"哲学的立场，曾在短暂的时间里以"复原论哲学"行世，稍晚一些在经历了革命与反动的激烈冲突的时期之后又以和平主义的观点而著称，而在今日，它则栖身于自由主义与社会主义、西方世界与东方世界、资本主义与集体制之间的种种"第三条道路"的方案之中；相对的历史主义的立场（storicismo relativistico），就这种立场而言，援引马克斯·韦伯的著名论断来说，在一个价值多神论的时代里，唯一尚能开放的神庙就是帕台农神庙，一切人都可以在这座庙堂里供奉自己的神。

7. 宽容的好的理由不应使我们忘记不宽容也有着它们好的理由。我们每个人每天都可能发出这样的惊呼："这是不可容忍的……""我们怎么能容忍……""宽容是好的，但总要有个度"，等等。就此而言，应该说明的是，"宽容"这个词有两个含义——积极含义和消极含义，而其反义词也有着消极和积极的两个含义。积极含义的宽容与消极含义的不宽容相对立，反之，消极含义的宽容则与积极含义的不宽容相对立。积极含义的不宽容乃是苛刻、墨守、顽固等等此类品质的同义词；而消极含义的宽容则代表了纵容罪恶、容忍邪恶与错误、缺乏原则、苟且求安，以及无视价值。显而易见，当我们赞扬宽容的时候，所认可的是其中自由而和平的生存的基本原则，是在以一种积极的方式谈论宽容。但我们万不可忘记，不宽容的捍卫者们完全有理由对消极含义的宽容加以斥责：倘无上帝存在，一切皆被允许。正是由于这一原因——众所周知——，洛克才不认为无神论者是可以被宽容的，因为根据当时的一种通行的信念，这些人没有理性去履行许诺或遵守诺言，因而是不可被信任的人，如其在文中所言："诺言、契约和誓言这些人类社会的约制对无神论者是不可能具有约束力的。虽然他们只是在头脑里揪除了上帝，但却使一切化为乌有。"①

与积极含义上的宽容相对立的不宽容乃是宗教的、政治的、种族的不宽容，或者说是对异己者过度的排斥。而消极含义上的不宽容则与对原则的坚持相对立，或者说与对危及个体或社会的一切事物的正确或正当的排斥相对立。如果说所有时代和我们时代里的专制社会因积极含义的宽容而备受责难的话，那么我们民主包容的社会受其害最甚者，莫过于放任自流、听之任之以及对任何事情都不会震恐愤怒那种意义上的宽容了。(就在这几天，我收到了一份问卷，被要求支持"色情文学的权利"的合法化。)

但积极的宽容并非绝对的宽容。绝对的宽容是一种纯粹抽

---

①同上，第172页。(汉译见吴云贵译《论宗教宽容——致友人的一封信》，北京：商务印书馆，1982，第41页。——译注)

象。历史上的、现实的、具体的宽容从来都是相对的。但这并不是说注定不可能搞清楚宽容与不宽容之间的不同。实际上，在相互对立互不相容的极端的概念之间，还存在着一个连续体，存在着一个地带、一个灰色地带，非此亦非彼，在其中意涵的幅度变化大小不等。正是通过这个可变的意涵幅度，我们才可能评估什么样的社会是宽容还是不宽容的，宽容或不宽容到什么程度。

8. 要对这个连续体划定一个界线，以标明宽容社会在哪一刻过渡到了不宽容的社会并非易事。马尔库塞所提出的那种办法是我要摒弃的。他在那篇论压迫性宽容的著名文章中提出了那种办法，此文认为压迫性宽容在美国大行其道，在那里激进左派的思想不被允许，而反动的右派却得到支持。"压迫性宽容"的提法在措辞上本身实在是矛盾的。积极宽容的实质是对各种传统压迫形式的摒弃；消极宽容则甚至把反压迫社会推至极致，弘扬最大化的包容。马尔库塞之所以炮制这个矛盾的提法，就是因为他把思想分成了好的（进步的）和坏的（反动的），而主张宽容只是对好的思想的宽容。于是，这不是在对宽容和不宽容进行区分，而是在对特定思想的宽容和不宽容，即他所谓好的和坏的思想的宽容和不宽容之间进行区分。从这种区分出发，他断言宽容社会——在这种社会中，宽容本已回归了它的本义，即自由的而非压迫的实践，就如在使之得以诞生的市民社会中曾是的那样——应该反其道而行之：只容忍进步的思想，而拒绝反动的思想：

在那些倒行逆施的运动变得积极有效之前，把宽容与它们切割开来吧；渗入到思想、舆论、言辞之中的不宽容以及最终反动而行的不宽容，也就是说，自命为保守主义的、政治右派的不宽容——这些反民主的观念顺应着民主社会的实际发展潮流，而这一潮流已经使普遍宽容的基础化为齑粉。①

这类观点是让人难以接受的。谁将区分好思想和坏思想？只有当甚至坏的思想也被宽容的时候，才谈得上真正的宽容。当你把应予否定的压迫性宽容与宣扬解放的宽容对立起来时，你也仅仅是从一种不宽容滑向了另一种不宽容。

9. 宽容并非——也不应——不可限定。没有任何一种宽容宽泛得可以包容所有可能的思想。宽容必定是对某些事物的包容和对另一些事物的拒绝。在马尔库塞的理论中难以令人信服的是其排除标准，他的标准在某方面看来失之模糊，在另一方面看来则失之严苛。模糊是因为，对进步和反动的评估与变迁的历史情境相关联；严苛是因为，如果将宽容仅仅变成对某些信条的承认和对另一些信条的拒绝，那么宽容也就完全失去了其本义。宽容理念的核心在于，承认平等的生存权，承认异端也享有平等的存在权利，承认——其主体为掌握真理的人——犯错的权利，至少是犯无心之误的权利。当我们开始意识到不

---

① 马尔库塞（H. Marcuse）：《压迫性宽容》（*La tolleranza repressiva*），载于《宽容批判》（*Critica della tolleranze*, Torino：Einaudi, 1965），第 100 页。

同观点的不可化简性并开始寻求暂时妥协（这是一种纯然形式的规则，一种游戏规则）以使这些观点都能获得表达的时候，宽容的要求便出现了。不是宽容，就是压制，没有中间道路。即便马尔库塞所谴责并判定为压迫性的宽容是压制性的，我们也没有看到他所主张的宽容——出于同样的原因——何以不是压制性的。而那些被指责的宽容确乎是宽容，它们存在于特定的历史语境当中，应被看待为有其自己时代烙印的一种思想，产生于相互对抗、互不相容、难以调和的两种对抗的世界观之间激烈冲突的情境之中，而这种情境今日已经失去了它的存在理由。

10. 一些人认为宽容不可能被限定（只有消极宽容才有边界，但也正是由于这一原因，宽容的真正理念也最终变得名誉扫地），但另一些人却主张宽容必须要有范围，而其边界的设定标准并不是马尔库塞所主张的那种标准。

唯一合理的标准应该来自宽容理念本身并能以如下方式得到表述：宽容可以给予所有人，除非他否认宽容原则，或更简要地讲，除了不宽容，一切皆可被宽容。正是由于这一原因，洛克才主张宽容实践可以扩展及天主教，而就今日政治领域的情况而言，宽容实践是不能扩展给予某些国家的法西斯主义者的。与此同理，我们认为多数原则不适用于掌握强权的少数，或毋宁说不适用于这样一些人：他们即便是多数，但却会颠覆多数原则。

当然，这种抽象表述的区分标准尽管在实践中简单易行，但却并不那么容易实现，实际上也不能对之毫无保留地予以接受。

其理由并不如它表面看起来那么明白，原因在于有着不同程度的不宽容，在各种各样的领域里都有不宽容的存在余地。不能对这种原则毫无保留地予以接受，其原因并非微不足道：要让他人信任我们所坚信的宽容是好的，就要让他们在其中看到多元信仰和思想的不可通约性，并进而看到人类思想多元表现形式不可靠着强令而枯竭的必然性，还要让他们看到我们的宽容的能产性，并确信减少不宽容并接受宽容的唯一方式不是迫害，而是对人们表达权的承认。以不宽容对待不宽容就形式而言无可非议，但在道德上却是可悲的，而在政治方面也是不明智的。被自由所包围的不宽容者不一定能理解尊重他人思想的道德价值，但可以肯定的是，被迫害和排斥的不宽容者永远不可能成为一个自由的人。冒着风险让自由也惠及自由的敌人，也好过另一种可能的做法，即紧控自由，那样很可能会让它窒息而死，至少是让它难以开出花朵。不断冒着风险但也不断扩大的自由要好于循规蹈矩却无力发展自己的自由。

在这两种态度之间做出的选择是最终的选择，与过去的一切选择一样，这一选择仅仅通过理性的论据也是难以得出的。此外有些历史情境会利于其中一种选择，而还有一些历史情境则利于另一种选择。今天没人会像洛克那样想着对天主教徒实施禁止，因为宗教战争已经结束，至少在欧洲已经结束，似乎也没有死灰复燃的迹象。在许多欧洲国家里，对极权主义的禁止仍然存在，因为在民主国家和极权主义影响下的专制政权国家之间的区分仍然存在，并且突出地表现在世界和欧洲社会之中，时至今日，这个世界还分为资本主义西方国家和非民主的国家两个阵营。

我们只得这样说：两种解决办法，要选择一种，那只能是限制性的宽容。它乃是保守自由主义的题中之义，或者从更宽泛的角度来看，是激进的或进步的自由主义——或者你也可以以你愿意的任何方式称呼它——的题中之义。

我举两个例子以做说明。保守派加塔诺·莫斯卡（Gaetano Mosca）反对这样的信条：暴力绝对战胜不了真理与自由，尽管不幸，但历史已然证明要更多地给不宽容以宽容，我们知道真理必将战胜迫害，而自由将能自我修复，就像阿基里斯长矛一样，能够治愈自己所造成的创伤。莫斯卡认为这种信条是幼稚而愚蠢的，在莫斯卡看来，这种"先进的"自由主义教条会让我们的子孙在背后嘲笑我们。① 相反，路易吉·伊诺蒂（Luigi Einaudi），在此前我已经多次提到过的那个段落中（那段话写于1945年，当时我们的国家正重新建立起自由制度）写道："信仰自由理念……的人们坚信，只要政治生活是完全自由的，那么任何政党都有权利充分参与其中。自由人要自由生存就不能忘了自由生存的理由，就不能否认各种观点的支持者都享有同样的自由。"②

历史的教益向来都是让人看不透的（就此而言，我们很难说历史是生活的老师）。拿我们国家的历史来说，如果我们想一

---

①加塔诺·莫斯卡：《政治科学要义》第 1 卷（*Elementi di scienza politica*, Bari：Laterza，1923，vol. I），第 381 页。

②路易吉·伊诺蒂：《多数与少数》（*Maior et sanior pars*），载于《好的政体》（*Il Buongoverno*, Bari：Laterza，1954），第 106 页。

想法西斯曾一度上台,那么我们就得认可莫斯卡的理由;而如果我们再想一想共产主义政党的渐进民主的程序,那么我们就得认可伊诺蒂的理由。

11. 历史似乎是让人看不透的。其表现就是在现代国家里宽容的理论和实践一方面与世俗精神——即被理解为现代性之基础的那种精神,这种精神使人类王国的命运依赖于让所有人联合起来的理性,而非信仰之间的冲突——相互依存,进而使众国在宗教事务上不受教派控制,或成为中立的,在政治事务上因而也成为自由而中立的,但另一方面,这种所谓的开放社会中必然会出现信仰、信念、信条、观点之间纷繁的冲突,而解决这一冲突就要诉诸"黄金法则(折中)"这一至高原则了。就这一原则而言,我的自由当以不侵犯他人自由为限,或者换个说法,用康德的话来说——"根据一条普遍法则,只有通过一切人的自由,一个人的意志自由才可能存在",而这条"普遍法则"就是理性法则。

今日之人权

I diritti dell'uomo, oggi

在一篇关于人权的文章中,我重拾了康德关于"预示性历史"的观点,来说明人权问题在当今政治论题中的重要性是一个时代征兆。① 历史学家们撰写的历史,尝试用解释与推测去找出过去的真相,对未来做出谨慎但几乎总是被证伪的判断,并使用"如果……那么"的句式来提出假设。与此不同,预示性历史不做预测,但却预言未来,它从同时代的众多事件中提炼出那唯一的最不同寻常的事件,将其阐释为人类在向着一个特定结果——不管这个结果是人们想要的,还是反对的——发展的趋势中尤其具有指示性的特征。因此,当时我的观点是:当前已被最具权威的国际组织提上日程的日益广泛的人权讨论,可以被阐释为康德所定义的人类改善趋势中的一个预兆性特征,而且可能是唯一的一个。

当我写下这些话时,我还不知道"宗座正义暨和平委员会"(Pontificia Commissione "Iustitia et Pax")所发布的题为《教会与人权》的文献。它在开头是这样说的:"信仰的蓬勃发展不断驱使上帝的子民去仔细和熟练地阅读时代的征兆。当今,世界各地的人们对人权的日益关注,是这个时代的诸多征兆之一,且这一征兆不能被视为次要的,一方面是因为,在个人和社群的

---

① 《康德与法国大革命》(*Kant e la Rivoluzione francese*),是我在接受博洛尼亚大学荣誉学位时所做的讲演,已收入本书。

水平上，人们对这些权利的了解日益深刻和敏感；另一方面是因为，对这些权利的侵犯持续不断且令人苦恼地数量激增。"①

时代征兆并非就是黑格尔所说的与"民族精神"一起组成了"世界精神"的"时代精神"。"时代精神"是用来阐释当下的，而"时代征兆"则被用来指称对未来做出的虽然是大致的、置身其中的、不确定的但也是充满希望的一瞥。

时代的各种征兆吉凶参半。从来没有哪个时代有今天这样多的关于命运的不祥预言：原子能导致的大灭绝、所谓的"第二次死亡"、对承载地球生命的环境持续不断地残忍破坏、精神空虚、价值观的颠覆，等等。行将结束的这个世纪是伴随着衰退、堕落的思想开始的。"大灾难"（catastrofe）这个非常强烈的字眼部分来自对当初一知半解地被接受的种种科学理论的猜测，而现在这个词的使用已经日益普遍：核武器大灾难、生态大灾难以及道德大灾难。直到最近，我们还欣喜于康德的比喻，他将人比作扭曲的木材。在他最迷人的严肃批判理性的文章中，有一篇名为《世界公民观点之下的普遍历史观念》。在该文中，康德想知道，是否有一个完全"直"的东西能从人这片扭曲的木材中产生出来。康德自己相信，人类将逐渐接近"直"的理想，但其途径要取决于"对一部可能的宪法的性质具有正确的观念，经历许多世事而磨炼出来的伟大的经验，以及最重要的

---

① 《教会与人权》（*La Chiesa e i diritti dell'uomo*），载于《一号工作文件》（*Documento di lavoro n. 1*），罗马：Città del Vaticano，1975，第1页。引文摘自由宗座正义暨和平委员会主席红衣主教莫里斯（Cardinal Maurice Roy）撰写的《引言》（*Presentazione*）的开头部分。

是，还要有准备接受这一经验所带来的发现的善意"①。认定人类状况每况愈下的那种未来观，康德将其定义为"恐怖的"。他写道："沦落为恶，这在人类是无法持续不断的，因为到了一定程度，它本身就会灭绝。"② 然而，恰恰是这一奔向自我毁灭的场景，出现在了今天对未来的灾难性设想中。根据一位最无畏、最忧郁地支持历史恐怖观念的学者③的看法，人类是一种"错误的动物"。但应该强调的是，这位学者并没有罪，因为我们不必求助于他的认知也知道人类是有原罪的，不过这种罪可被救赎而且也被救赎了——这是我们都熟悉的古老故事。一片扭曲的木材可以被伸直，然而对我们时代这位辛辣的解释者来说人类不可救药。

然而人权的思想从未像如今这样传播得如此迅速，尤其是二战（那当然就是一场大灾难）以后。我不知道这一想法是不是自命不凡的，抑或是崇高的，还是仅仅是一种安慰或天真的希望，但它确实邀请我们打消关于扭曲的木材和错误的动物的想象，而且，对于自相矛盾且首鼠两端的存在——人，它也不再仅仅刻画他卑鄙的一面，而是也描画出了他潜在的崇高的一面。

---

①引自康德：《政治著作集》，前引，第 130 页。
②《重提这个问题：人类是在不断朝着改善前进吗？》，载于《政治著作集》，前引，第 215 页。
③我指的是道德家埃米尔·米歇尔·齐奥朗（E. M. Cioran），他出生于罗马尼亚，用法语写作，参看《解体概要》（*Squartamento*）及《存在的诱惑》（*La tentazione di esistere*）。

大体而言，人权问题的巨大重要性来自这一事实：它与当今时代的两大基本问题——民主和和平——紧密相连。对人权的认可与保护是建立民主宪法的基础，同时和平是在各国内部与国际社会中有效保护人权的先决条件。那句古老的格言"刀兵相撞，法律失声"（inter arma silent leges）仍然有效，且近期我们又体验了一回。今天，我们比以往更加确信，永久和平的理想只能通过国际体系不断前进的民主化来实现，而且这种民主化离不开在高于单个国家的层面上对人权进行日益加强的有效保护。人权、民主及和平是这一历史运动的三个必要因素。没有对人权的认可及有效保护，就没有民主；没有民主，就连能和平解决个人之间、群体之间以及大的集体——国家——之间冲突的最低限度的条件也不存在了。这些国家在传统上一直是那么难以管教，且有专制的倾向，即便在它们内部，公民之间也是民主的。

值得铭记的是，《国际人权宣言》在开头是这样表述的："对人类家庭所有成员的固有尊严及其平等的和不可转移的权利的承认，乃是世界自由、正义与和平的基础。"这些话直接重提了联合国法令，该法令在重申了对基础人权的信念之后，又宣称"将后代子孙从战争灾难中解救出来"是必要的。

在近期出版的一本书《伦理与人权》中，我读到这样一段话："毫无疑问，人权是我们文明中最伟大的发明之一。"① 如果说"发明"一词看上去有点太强的话，人们可以用"革新"，

---

①尼恩（C. S. Nion）：《伦理与人权》（*Etica y Derechos humanos*, Buenos Aires: Paidos Studio, 1984），第13页。

就像黑格尔一样，他说，《圣经》中那句"日光之下无新事"对于绝对精神这个太阳来说并不适用，因为绝对精神从不重复自己的路，它的路是精神永远变动的表现，而这种变动实质上是进步的。①

尽管事实上"人性的普遍性"是一个古老的概念，它随着基督教教义的降临而突然出现在西方历史中，但"人性的普遍性"从哲学观念转变为适合"人性的普遍性"的政治制度（就是在这儿出现了那种"革新"），转变为对政府与被管理者间关系加以协调的不同于以往的、具有某种革命意义的调节方式的变迁，只能借由自然法的理论发生于现代社会，而且这种观念也正是在 18 世纪末的各种权利宣言中第一次发现了自身具有重要意义的政治表达。不管人们称之为"发明"还是"革新"，当宣言不再仅仅出现在诸如洛克的《政府论》下篇之类的哲学论文中，而且也出现在像宣告了"所有人都是生来同样自由并享有某些天赋权利，当他们组成一个社会时，他们不能凭任何契约剥夺其后裔的这些权利"的《弗吉尼亚人权宣言》（1778）之类的政治文献中时，我们不得不承认，此时一种新型的政治规则诞生了。我真正的意思是，这是一种前所未有的规则，它不是亚里士多德所说的作为"人的统治"的对立面的"法律的统治"，而是一种人民与法律的联合统治：其中的人是制定法律的人，其中的法律是受预先存在且法律自身也不能加以侵犯的个体权利限制的。一句话，现代自由国家通过其内部的发展而

---

① 黑格尔：《精神在世界中的进程》（*Il processo dello spirito nel mondo*），第 1 节，见《世界历史哲学讲演录》（*Lezioni di filosofia della storia*）。

变成了一个民主国家，这里不存在什么传统连续性的问题。

这一革新——在其他场合，我曾套用康德的话说过，这是在阐释政治关系的方式上的一次彻底的哥白尼式的革命——发生在两个层面上。说人享有先于国家（国家即一种权力，它受命要做出集体决定，且决定一旦形成，就要被这一集体中的每一个成员所遵守）而存在的权利，意味着至少从两个视角上颠覆了传统的政治观念。一方面，人、人们及被单独看待的个体，不同于以前的社会、公民团体，尤其是被称作"共和国"（res publica）或"国家"的公民团体，换言之，即很长时间内被视为优先于其各组成部分的整体。另一方面，确信权利在道德与法律上优先于责任，这也与长久以来贯穿在各种经典著作中——从西塞罗（Cicero）的《论义务》(De officiis) 到普芬道夫（Pufendorf）的《人与公民的职责》(De officio hominis et civis)，再到马志尼（Mazzini）的《论人的责任》(Doveri dell'uomo)——的观念相反。

就第一个倒转而言，支配了数个世纪之久的且仍然在诸如"政治体""国家机关"之类政治术语中能折射出来的有机体概念最终被废弃了，因为此时看待政治关系的视角不再是统治者视角而是被统治者视角，不再是自上而下的视角而是自下而上的视角了，而且，社会底层不再是作为一个集体的人民，而是互相联合起来形成一个共同意愿的公民了。

就第二个倒转而言，权利的优先地位丝毫也不意味着责任的消除，因为权利与责任是互相关联的术语，一个人不能在坚持自己权利的同时，不履行尊重别人拥有此项权利的义务。任何一个真正熟悉政治思想史的人都知道，政治学研究总是关注公民的责任大过关注他们的权利（只要回想一下所谓政治义务的基本问题就足够了），总是关心有权者的权利与权力大过公民的权利与权力。换句话说，它更积极地代表了统治者而非被统治者。

尽管我相信人们在使用"转折点""质的飞跃""划时代的巨变"等字眼的时候应该非常谨慎，但我仍要毫不犹豫地坚称：就政治关系的观念而言，对人权的宣称将人类历史一分为二。回到我们最初的提法，我们时代的一个征兆就是：现代政治思想中的三大主流——自由主义、社会主义与社会基督教——的汇合，使得它们之间不再互相反驳而是寻找共性。由于这种汇合，与传统的决裂变得更加明晰，且不可逆转。尽管它们在展示某些权利的优先地位时还保持着各自的身份，并且因此创造出一种日益复杂的基础权利体系，但它们毕竟汇合了。正因为它们各自学说的灵感来自不同的源头，且它们期望达成的目标不同，所以，它们的实际结合经常遇到一些困难，但这种汇合毕竟昭示着将会在人们所企盼的人类大同之中达成的目标。

从历史上看，自由主义思想所提出的自由权利最早出现。此处"自由"一词是在现代思想家们所使用的"自由"一词的消极含义上被理解的，与古代及中世纪思想家们所使用的"自由"的意义截然相反。对这些现代思想家来说，一个自由的共和国，要么意味着不依赖像国王或帝国这样的特权，要么意味着它是大众的，即由公民们自己或他们所组成的群体来统治，而非由一个被强加的或根据继承法所法定的君主来统治。

社会权利，最初以提供公共教育和工作机会来帮助"那些有工作能力而找不到工作的穷人"的形式出现在1791年法国宪法第一部分中，且在1793年6月《权利宣言》的第二十一、二十二两条中得到重申。工作权成为 1848 年法国立宪会议中讨论最激烈但却没有结果的论题之一,尽管还能在序言第八条中找到一丝痕迹。伴随着魏玛宪法,社会权利以一种更实质性的形式进入现代宪法的历史。尽管表面上看起来,社会权利与自由权利有些矛盾,但实际上它们是互补的,其中最好的一个证据是:社会权利是有效贯彻自由权利的必要条件,在这个意义上讲,社会权利是自由权利的延伸。只有保证每个人都拥有可以使自己有尊严地生活的最低经济保障,自由权利才能被保证。

对社会基督教而言,正如人们已经指出的,由宗座正义暨和平委员会所通过的文件已完全真诚地认识到,几个世纪以来对人权的支持**并非一直持续不断**,尤其是近两个世纪存在着一**些困难**、**停滞**,有时甚至是**倒退**——其原因就在于基督教对"自由主义者及非宗教人士所主张的人权宣言"的传播的抵制。这份文件还特别提到了庇护六世、庇护七世及格里高利十六世"审慎的、消极的、有时甚至是充满敌意且吹毛求疵的态度"①。然而,从利奥十三世开始,可以观察到一种转变,尤其是从

---

① 《教会与人权》,前引,第 12 页。国际神学期刊《公会》(*Concilium*) 最近有一期(vol. XXVI, no. 2, 1990),所收论文全部致力于讨论人权问题。其中伦纳德·斯威德勒(Leonard Swidler)的文章《人权:一项历史考察》(*Diritti umani: una panoramic storica*)指出:"虽然人权的思想只是在近代才发展起来,但它却扎根于西方文明的两个支柱中,即犹太-基督宗教与希腊-罗马文化。"(第 31 页)克努特·华夫(Knut Walf)的文章《福音、教会法和人权》(*Vangelo, diritto canonico e diritti umani*)承认:"作为一个整体的基督教会,直到 20 世纪中叶,在认识人权方面,都存在着困难。"(第 58 页)

1891年颁布的教皇通谕《新事物》（Rerum Novarum）开始。除了自由主义传统中的其他自由权利，该通谕强调了结社的权利，特别是工人们结社的权利——这一权利是压力集团多元化的基础，而压力集团的多元化恰恰又是区分现代民主与古代民主的标志（这可以追溯到卢梭）。对社会主义传统中的各项社会权利，它强调了工作权及保护工作权的各种方法，如合理工资的权利、适当休息的权利，对妇女儿童的保护，等等，它还呼吁国家对此进行干预。一百年后的今天，继各种各样众所周知的文献、通谕、圣诞文告（如庇护十二世在1942与1944年所颁发的）、第二次梵蒂冈会议颁布的牧职宪章（Gaudium et Spes）、保罗四世给联合国秘书长著名的致信等之后，今年"五一"，我们又有了一份新文献——"百年通谕"（Centesimus Annus）。该通谕正式重申了教会在人权认可方面的重要贡献，还有一点已为人们所注意，即通谕第47段中包含了一段颇具启发性的"人权宪章"，其前言说："那些正在改革其法律体系的人们，应该通过对人权的明确认可，给民主一个可靠、稳固的基础。"各项人权中最首要的是生命权，接下来是在一个和睦家庭中长大的权利、在探寻和知晓真理的过程中发展其智力及自由的权利、参加工作的权利、自由组建家庭的权利，最后是信仰自由的权利，它是上述所有权利的根本。

每个人都可以看出，这个权利清单与法国革命宪章所列出的权利非常不同。此处首先需要保护的生命权没有出现在法国宪章中。而在美国各法案中，这项权利几乎总是以"享受及保护生命的权利"的形式出现在其他自由权利之后。为了不影响更充满希望地向着人权的全面保护这一共同目标汇合，这一差别总是被遮掩过去。但这一差别是存在的，且无疑具有哲学上的意义。一方将优先权给予了对具有各种表现形式的自由权利的保护；而另一方则把优先权给予了生命权，从生命开始的那一刻起（因此反对堕胎），至生命终结的那一刻止（因此反对安乐死）。在自然法的传统中，生命权也是被认可的。在霍布斯所讨论的人类社会的初级形态中，在自然状态下，在所有人反对所有人的战争中，不被杀害的权利就是生命权。因此归根结底生命权被视作和平权。在1789年《宣言》中，第七、八、九条涉及对生命权的保护，它们组成了人身保护权的基本原则。

今天，生命权已具有了特殊的重要性。如果考虑到这一事实，即在大多数最近的国际文件及教会文件中，生命权正在被日益拓展到生命质量方面，情况就更是如此了。人们不应该忘记，《世界人权宣言》已将生命权与自由权联合在一起，它在第三条中说："人人有权享有生命、自由和人身安全。"还有《欧洲人权公约》也是如此，其第一条认可了生命权——甚至严格限定了使个人免受来自国际范围内的杀害的保护，也就是说它所规定的保护覆盖了生命的全程（但不包括生命的即将开始和行将结束的极端情形）。

尽管从一开始，人权就被视作自然的，但人权并非永远固定的。人们只需要考虑一下围绕着政治权利的扩张所发生的事件，就足以说明问题了。在几个世纪里，妇女选举权从来没有被认为是自然的。因此我们可以说，各项人权并非一蹴而就的。然而，似乎确定无疑的是，各种传统正在走向统一，正在共同形成一个唯一的、宏大的人类保护蓝图，其中包括三大要素：生命、自由与财产安全。

那么保护人类不受谁的剥夺呢？对历史的检视告诉我们一个简单明了的答案：权力——各种形式的权力。政治关系本质上是权力和自由的关系，二者之间具有紧密的相关性。在一组关系中，你越是扩张一方的权力，你就越限制了另一方的自由。反之亦然。

权力的形式区别了现代与过去的时代，且增强了对新权利的需求。争取权利的斗争必须先要与宗教权力战斗，然后是政治权力，最后是经济权力。今天，对生命、自由与安全的威胁，来自那些控制着科学发现及其应用的人们不断增长的权力。我们已进入一个被称作"后现代"的时代，它具有以下特征：巨大的、彻底的、不可逆转的进步，技术上的变迁以及因此而来的全世界向着"技术统治论"迈进的变迁。自培根说出"知识就是力量"之后，人类已取得了长足发展。知识的增长已经直接增加了人们支配自然和其他人的可能性。

新一代权利，就像人们所说的，是跟随在那些"回应了我们时代三大思潮的权利"之后而来的，它们都是因为"技术进步的增长带给生命、自由及安全的危险"而被提出的。举三个属于目前争论焦点的例子就足以说明问题了：一是生活在无污染环境中的权利，这一权利已成为环保运动的基础，这些运动已震动了一些国家以及国际社会；二是隐私权，它已受到一些公共团体的严重威胁，这些团体能够储存有关个人生活的信息，因此可以在本人毫不知情的情况下控制其行为；最后一例是完全保有个人遗传基因的权利，这一权利已经引起了国际组织的讨论，它已远远超出了《欧洲人权公约》第二、三条所主张的人身安全权的范围，可能会在关于"人性"的两种相反观点之间引发激烈的冲突。

在罗腾堡－斯图加特（Roltenburg-stuttgart）主教沃尔特·卡斯帕（Walter Kasper）1988年11月所做的有关人权的神学基础的演讲中，有一个表述可以作为我这篇文章的结论："人权正在构成一个新的世界道德风貌。"① 人们自然不会忘记，一种道德风貌代表了世界应该呈现出的样子。不幸的是现实的世界却呈现出一幅非常不同的画面。对于一项目的在于更好地规划和保护人权的政策而言，在其相当长的政策期内，人们知道其重要性，但同时，在世界上的几乎每个国家里，在国与国之间、种族与种族之间、强势群体与弱势群体之间、富人与穷人之间、多数与少数之间、主动施暴者与被置于混乱者之间，人权却正在系统地被侵犯着。人权的道德风貌在圣洁的宣言中散发着光辉，而这些宣言在所有地方几乎总是一纸空文而已。对权力的欲望已经支配了而且会继续支配历史的进程。之所以还有希望的唯一原因是，历史同时经历着长时间与短时间两种尺度。我们不应该在以下这一点上欺骗自己：人权的历史涉及长时段的尺度。不仅如此，情况还总是这样：关于坏命运的预言宣布迫在眉睫的灾难以唤起警惕，而关于更好时代的预言看上去远在前方。

一位著名的当代历史学家谈到了被缩短的时间尺度——它分布在巨变的时代，不管这些巨变是真的，还是仅仅出自人们

---

①《人权与教会》（*Les droits de l'homme et l'Eglise*），梵蒂冈：宗座正义暨和平委员会出版，1990，第49页。

的担心——的感觉。他引用了提布尔提那女巫（Sibilla Tiburtina）①的视角："年如月，月如周，周如日，日如小时。"② 他将这种感觉与生于科技时代的一代人所拥有的与之相似的短时间尺度的感觉做了比较。从科技进步的一个阶段过渡到另一个阶段，一度要花费几个世纪的时间，然后是几十年的时间，而对这一代人来说只是几年的时间。这两种现象虽然不同，但其意图是相同的：当你想要快点到达某处时，你要么缩减路程，要么加快步伐。

生活中的时间并非真正的时间，它有时快些，有时慢些。我们近几年所经历的世界范围内的变迁，包括科技进步的加速和权力系统——它曾经看上去极度稳固，且真正渴望过要代表星球的未来——的瓦解，激发出一种缩短和加速时间尺度的双重感觉。有时我们会觉得，我们就在悬崖的边缘，大难迫在眉睫。我们将自我拯救么？我们怎样自救呢？谁会来救我们呢？奇怪的是，与未来相关的事件所形成的压迫感，和与"被愈推愈远的人类起源"相关的过去之事所形成的拉长或延宕之感，形成了鲜明的反差。仿佛我们的记忆在日益远离的遥远过去中迷失了自己，我们的想象被加速走向终点的想法所点燃。这有点像我所熟知的老年人的心境，对他们来说，过去就是一切，而未来什么都不是。若非有伟大理想如人权理想者，则无任何

---

① 又称阿尔布内阿（Albunea），古罗马女巫。——译注。
② 莱因哈特·科赛勒克（Reinhart Koselleck）：《加速度与世俗化》（*Accelerazione e secolarizzazione*, Napoli: Istituto Suor Orsola Benincasa, 1989），第9页。

值得高兴的理由。而这一理想又完全颠覆了我们对时间的感觉，因为就像所有的理想一样，它通过一种长时间尺度来规划自己，而且它的前途并非一种预定目标，而是像我开头所说的，只是一种预示。

从历史——它没有为理性留什么位置——的角度来看，我们别无选择，只能赌一把了——在黑格尔的时代，他可以在柏林跟他的学生大谈理性统治世界，但现在看来，太遥远了。如果历史真是走向人权的王国而非"老大哥"的王国，全部问题的关键则只系于尽心履责。

事实上，赌是一回事，赢却完全是另一回事。但同样真实的是，不管谁来赌，都一样希望赢。只有希望是不够的，但如果连一点希望都没有，那他在开局之前就已经输了。如果别人问我怎样才能创造希望，我将会重复康德的话。这些话我在开始时已经引用过了：正确的观念、伟大的经验，以及最重要的——善意。

译后记

诺伯托·博比奥（Norberto Bobbio，1909—2004），意大利法学家、政治哲学家、政治思想史家。在思想倾向上，他继承了皮耶罗·戈白蒂（Piero Gobetti）、卡洛·罗塞利（Carlo Rosselli）、圭多·卡洛杰罗（Guido Calogero）、阿尔多·卡普蒂尼（Aldo Capitini）等人的传统，是一名自由社会主义者。此外，他还明显受到维尔弗雷多·帕累托（Vilfredo Pareto）以及德国法理学家汉斯·凯尔森（Hans Kelsen）的影响。①

《权利的时代》是博比奥讨论人权问题的论文集，全书共十二篇文章，包括一篇导言、三个主体部分以及一篇总结性质的文章。

导言部分阐述了自己对于人权问题的基本观念，介绍了本

---

① 关于博比奥的生平，可参看佩里·安德森（Perry Anderson）:《诺伯托·博比奥的亲和力》(the Affinities of Norberto Bobbio)，载于《新左派评论》(New Left Review, July/August 1988, pp. 3 - 36)；以及理查德·贝勒米（Richard Belamy）:《当代意大利社会理论》(Modern Itanlian Social Theory, Cambridge: Polity Press, 1987) 一书的第 8 章。比较容易找到的有维基百科中关于他的词条，汉语材料则可参看陈高华所译的博比奥的《左与右》（南京：江苏人民出版社，2010）一书的前言。

集所收各篇文章的写作背景及主要内容。

第一部分包括四篇文章,主要讨论了人权观念的历史形成。他认为,人权观念是随着时间的推移逐渐发展起来的,是现实政治的产物,而非哲学思辨的结果,所以任何试图将人权观念建立在某种绝对原则之上的尝试都是徒劳的。对于今天的人权问题来说,更重要的是如何有效地保护它,而不是证明它。

第二部分包括三篇文章,重点讨论了法国大革命对于人权的影响。博比奥认为,《人权与公民权宣言》是人类事件中的一个重大进步。人的基本权利的提出,使人们对"社会"的认识发生了一场"哥白尼式的革命",将人们过去将"社会"看作一个有机体的观念,彻底转变为个人主义的"社会"观念,因为它将每个个人的权利问题置于政治问题的中心位置。而如此一来,就为现代民主的发展铺平了道路。因此,法国大革命预示着人类的未来,它是一个里程碑,是一个指示了人类发展方向的事件。

第三部分包括四篇文章,是人权问题在具体问题上的应用,其中有两篇重点讨论了废除死刑的问题。他将废除死刑与反对废除死刑的各种理论进行比较,认为它们都无法完全说服对方,再一次证明了一个类似人权问题的观点,即理论探讨无法彻底解决是否应该反对死刑的问题。如果非要找一个理论的话,他宁可选择《圣经》中"十诫"之一的"不可杀人"作为一个不证自明的公理。他认为全面废除死刑是人类进步的标志。

最后一篇文章,可以看作是对全书的总结,他针对当今人权问题的发展做了一番分析与预测。他认为人权问题的重要性是当今时代的一个特征,它预示着人类的进步。他认为人权的思想在当今得到了迅速广泛的传播，人权、民主与和平是当今世界政治运动的三个必要因素。人们对此应该有清醒的认识，并自觉推动世界向着正确的方向发展。

总之，本书澄清了很多关于人权的复杂问题，尤其是理清了人权发展的历史脉络，颇有参考价值。而从字里行间中溢出的作者的正直与坦诚，更传达出一种善意。虽然他不知道下一步该如何发展人性中的美德，但他仍然忠于这些价值观念。

本书先由我据英译本（*The Age of Rights*, Cambridge: Polity Press, 1996）译出，又由赵文先生参照意大利文原版逐篇校对，并对篇章次序、分段等依照原版进行了回改。尤其重要的是，英译本中未译的两篇文章（《反抗压迫，在今天》及《宽容的理性》），均由赵文先生依据意大利文补译。

这本书能够与读者见面，首先，感谢主编及出版社的信任，尤其感谢陕西师范大学赵文兄对我的推荐！其次，感谢该书责任编辑任洁女士的耐心与包容！翻译中一定存在不少误译或词不达意之处，期待眼明心热的读者不吝赐教。

沙志利

2016 年 1 月 26 日记于北京大学燕东园

图书在版编目（CIP）数据

权利的时代／（意）诺伯托·博比奥著；沙志利译.
—西安：西北大学出版社，2016.10（2023.5 重印）
（精神译丛／徐晔，陈越主编）
ISBN 978-7-5604-3901-3

Ⅰ.①权… Ⅱ.①诺… ②沙… Ⅲ.①人权—研究 Ⅳ.①D082

中国版本图书馆 CIP 数据核字（2016）第 278849 号

权利的时代

[意] 诺伯托·博比奥 著
沙志利 译　赵文 校

出版发行	西北大学出版社
地　　址	西安市太白北路 229 号
邮　　编	710069
电　　话	029－88302590
经　　销	全国新华书店
印　　装	陕西博文印务有限责任公司
开　　本	889 毫米×1194 毫米　1/32
印　　张	9.25
字　　数	180 千
版　　次	2016 年 10 月第 1 版　2023 年 5 月第 2 次印刷
书　　号	ISBN 978-7-5604-3901-3
定　　价	55.00 元

L'ETÀ DEI DIRITTI

ⓒ 2005 by Norberto Bobbio.

Originally published by Giulio Einaudi Editore, Torino, Italy.

Chinese simplified translation copyright ⓒ 2016
by Northwest University Press Co., Ltd.

ALL RIGHTS RESERVED

精神译丛（加*者为已出品种）

第一辑

*从莱布尼茨出发的逻辑学的形而上学始基	海德格尔
*德国观念论与当前哲学的困境	海德格尔
*正常与病态	康吉莱姆
*孟德斯鸠：政治与历史	阿尔都塞
*论再生产	阿尔都塞
*斯宾诺莎与政治	巴利巴尔
*词语的肉身：书写的政治	朗西埃
*歧义：政治与哲学	朗西埃
*例外状态	阿甘本
*来临中的共同体	阿甘本

第二辑

*海德格尔——贫困时代的思想家	洛维特
*政治与历史：从马基雅维利到马克思	阿尔都塞
怎么办？	阿尔都塞
*赠予死亡	德里达
*恶的透明性：关于诸多极端现象的随笔	鲍德里亚
*权利的时代	博比奥
*民主的未来	博比奥
帝国与民族：1985—2005年重要作品	查特吉
*政治社会的世系：后殖民民主研究	查特吉
*民族与美学	柄谷行人

第三辑

*哲学史：从托马斯·阿奎那到康德	海德格尔
布莱希特论集	本雅明
*论拉辛	巴尔特
马基雅维利的孤独	阿尔都塞
写给非哲学家的哲学入门	阿尔都塞
*康德的批判哲学	德勒兹
*无知的教师：智力解放五讲	朗西埃
*野蛮的反常：巴鲁赫·斯宾诺莎那里的权力与力量	奈格里
*狄俄尼索斯的劳动：对国家—形式的批判	哈特 奈格里
免疫体：对生命的保护与否定	埃斯波西托

第四辑

*古代哲学的基本概念	海德格尔
黑格尔《精神现象学》的发生与结构（上卷）	伊波利特
卢梭三讲	阿尔都塞
*野兽与主权者（第一卷）	德里达
*野兽与主权者（第二卷）	德里达
黑格尔或斯宾诺莎	马舍雷
第三人称：生命政治与非人哲学	埃斯波西托
二：政治神学机制与思想的位置	埃斯波西托
领导权与社会主义战略：走向激进的民主政治	拉克劳 穆夫
德勒兹：哲学学徒期	哈特